电话会话中人际距离的言语调节手段

DIANHUA HUIHUA ZHONG RENJI JULI DE
YANYU TIAOJIE SHOUDUAN

刘莉芳 ◎ 著

暨南大学出版社
JINAN UNIVERSITY PRESS

中国·广州

图书在版编目（CIP）数据

电话会话中人际距离的言语调节手段/刘莉芳著. —广州：暨南大学出版社，2016.8

ISBN 978 - 7 - 5668 - 1882 - 9

I. ①电… Ⅱ. ①刘… Ⅲ. ①电话—语言交流—研究 Ⅳ. ①H0

中国版本图书馆 CIP 数据核字（2016）第 146865 号

电话会话中人际距离的言语调节手段
DIANHUA HUIHUA ZHONG RENJI JULI DE YANYU TIAOJIE SHOUDUAN
著者：刘莉芳

出 版 人：徐义雄
责任编辑：古碧卡　姚晓莉
责任校对：邓丽藤
责任印制：汤慧君　王雅琪

出版发行：暨南大学出版社（510630）
电　　话：总编室（8620）85221601
　　　　　营销部（8620）85225284　85228291　85228292（邮购）
传　　真：（8620）85221583（办公室）　85223774（营销部）
网　　址：http://www.jnupress.com　http://press.jnu.edu.cn
排　　版：广州市科普电脑印务部
印　　刷：深圳市新联美术印刷有限公司
开　　本：787mm×1092mm　1/16
印　　张：8.5
字　　数：166 千
版　　次：2016 年 8 月第 1 版
印　　次：2016 年 8 月第 1 次
定　　价：23.00 元

前　言

　　会话能够使交际者在完成特定社会活动的同时构建和调节人际距离。语言交际中的人际距离具有可变性和可调节性。言语手段的运用能够实现人际距离的构建与调节。

　　本书在国内外研究成果的基础上，从调节人际距离的功能出发，对电话语料进行考察，从会话层面到词语层面，自上而下地探讨实现人际距离调节功能的语言手段，构建了一个适用于电话会话多对一情况下的分析系统。调节人际距离的言语手段存在于该系统的各个子系统和语言结构层面中。按照会话结构的功能，该系统由四个子系统构成，分别为身份确认系统、礼貌系统、话语控制系统和反馈系统。在每一个子系统下，不同的语言形式或项目为实现人际距离的调节而聚合，在语篇和互动的层面上发挥作用。从结构层次差异上看，调控手段主要存在于三个结构层面：一是词语层，包括词和话语标记；二是话轮层，包括句子和句子构成的话轮；三是组织层，包括序列结构和话题组织。不同的人际距离倾向会制约和影响调控手段的效果。

　　本书的创新之处在于从"功能—形式"相结合的角度构建了整体框架，运用多种方法对语料进行剖析，对一定范围内调节人际距离的手段进行了探讨。本书为语言具体人际功能的研究提供了参考范式，为某些语言手段提供了互动层面的解释。

刘莉芳

2016 年 3 月

目　录

第 1 章 绪 论

1.1 问题的提出

语言不仅可以用来传情达意，还可以用来构建和调节人际距离。人际距离不仅存在于空间和时间中，也存在于心理认知层面。德国社会学家西梅尔认为社会就是人际交往（interaction）的存在，交往受各种各样的目的驱使，（在心理层面上的）个体之间的"远"和"近"构成了人际距离。本书所涉及的人际距离指的是心理层面上的人际距离，是一个人在交际活动中能够认识和感知到的与他人之间的疏远或亲近的程度。它是交际者对彼此之间的"远""近"进行心理认知和情感体验的结果。

人际距离和社会关系、人际关系既有区别又有联系。社会关系和人际关系是一种客观存在，因此，在语言交际活动开始前，人们可以通过对彼此的社会关系和人际关系的认识来确定人际距离的远近，比如师生关系、朋友关系、陌生关系等。但是，随着交际活动的展开，人际距离往往会发生变化，比如陌生关系也可以感到很亲近，朋友关系也可以感到很疏远，交际双方都可以运用一定的言语形式或手段来调节人际距离，达到交际目的。因此，人际距离具有可变动和可调节的特点，或者说具有动态性和协商性。

一般来说，在会话过程中，人际距离呈现出三种动态趋势，即维持、拉大和缩小。从这个角度看，语言交际中的人际距离包括两个层面：静态的和动态的。静态层面的人际距离指社会关系和人际关系，它源自个体由于社会生产、生活和交往等因素导致的社会位置的差异，社会心理学常常将之概括为角色关系，比如朋友关系、夫妻关系、师生关系等。由于角色的特征性，交际者之间的交际行为往往具有可预见性。因此，我们可以通过交际活动的类型、交际者的角色和交际目的来推测某个或某类言语交际活动中的人际距离趋势。人际距离趋势对具体的话语结构、策略和言语形式的运用有着重要的影响。反之，不同的话语结构、策略和言语形式又体现着人际距离的不同趋势。所以，话语的构建和理解过程也是人际距离的动态显现过程。这是人作为交际主体的能动性的体现。

那么，话语如何显现交际者的人际距离？在以往的汉语研究中，学者们经常通过研究某种语言形式或手段而认为其具有构建或者调节人际距离的功能。比如称呼语既可以反映交际者之间的权势关系（朱永生，1990），也可以协调交际者之间的权利和义务（李明洁，1996），保持一定的社交距离（高慧芬，1997）。在会话中，称呼还有表示亲昵、疏远等言外之力（梁佳，2002），在会话结构上也具有一定的构建毗邻对、维持话题的作用（来鲁宁、郭萌，2003）。再如疑问式的寒暄多分布在社交距离居中的膨胀部分（龙又珍，2009）；有些口语话语标记，如"嗯""是""对"在交际角色不平等的情况下运用得更加普遍（刘丽艳，2005）；谈话中的否定反问句常用于地位比较平等的说话人之间或者地位较高的人对地位较低的人之间（刘娅琼，2010）。这些研究结论表明人际距离的差异对不同的语言形式都有一定程度的影响，但是这些手段是否可以形成功能上的聚合，在会话结构上如何分布，是否有模式或者规律可以遵循，却鲜有人问津。当然，由于人类社会的复杂性，在当前条件下，想要全面地描写各种不同人际距离的构建和调节过程是不太可能的。然而，语言的使用者是人，个体的语言是社会语言的反映，它同样遵循和反映着社会的规则。因此，我们如果从微观入手，观察和描写不同交际对象和某一特定交际者的会话过程，就有可能发现交际者是如何运用语言手段来动态地构建和调节他们之间的人际距离的，这样才能对语言手段在自然语言中的运用有更深入的了解。

我们选取的语料形式是电话会话。从我们的研究目的来看，电话会话比一般语料更有优势。首先，作为日常言语交际活动中的重要部分，电话会话提供了最简交际形式下的会话模式，是研究互动行为很好的入手点；其次，由于电话会话不是面对面的交际[①]，因此，表情和态势等无法发挥作用，交际者对双方的人际距离的感知和调节可以较明显地通过言语形式体现；最后，由于技术的进步，获得高质量的录音不再是一件难事，对于研究者来说，转写和复听的效果大大提高，可以更为准确地进行分析。所以，从这些角度来看，电话会话是自然会话研究中一项非常好的天然语料，也是规律性较强的一类语料。

因此，我们从现实生活中的电话会话入手，尊重语言事实，以某个时间段内不同交际者打给某个特定交际者的电话会话录音为语料，对交际双方在不同的人际距离趋势下运用的言语调节手段的情况进行描写和分析，探讨这些手段如何在语言的动态运用中实现调节人际距离的功能。

基于我们的研究目的和语料，本书试图回答以下三个问题：

（1）在电话会话中，调节人际距离的言语手段主要表现在哪些方面？

（2）在会话过程中，交际者之间的人际距离倾向是如何动态地体现出

---

① 新型的可视电话可以通过屏幕使实现某种意义上的面对面交际。本书的语料来源没有这一类型，仍是常见的不可视电话会话。

来的？

（3）在调节系统中，交际者具体运用哪些言语手段来调节人际距离？

1.2 人际距离的概念及其研究概述

只有当语言与社会的关系受到重视的时候，人际距离才作为影响语言使用的社会因素之一进入了语言研究领域。由于社会学和心理学的影响，在前人研究的成果中，关于人际距离的说法和见解不尽相同。本节将以人际距离为线索，对不同学科和理论中人际距离和语言手段之间的研究进行梳理和介绍。

1.2.1 权势和距离

许多研究在对语言现象进行阐释时都会用到"权势（power）"和"距离（distance）"这两个术语。这是社会语言学家在研究社会关系和人际关系对语言的影响时首先提出来的两个影响因素。布朗和尤尔（Brown G. & Yule G.，1983：57）认为："如果把社会关系中的阶层看作是垂直线，一致关系就是水平线。"（见图 1 - 1）

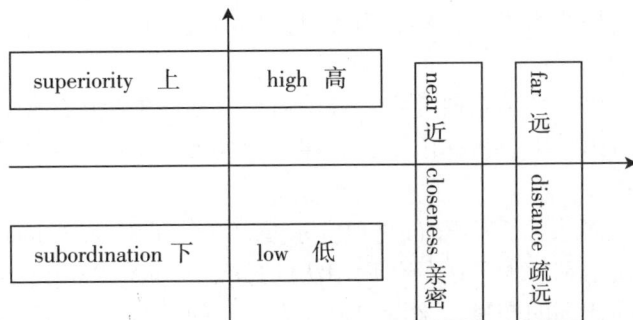

图 1 - 1 布朗的权势与一致关系示意图

然而，学者们关于权势和距离的定义与见解并不是如此简单，而是各有乖互。

我们先看垂直线上的权势，权势既可以单纯看作社会地位或阶层造成的差异（Cansler D. C. & William B. S.，1981），也可以理解为因为年纪、性别以及环境中的角色等而形成的控制关系（Brown R. & Gilman A.，1960）。这种控制关系可以划分为平等（equal）和不平等（unequal）两个量级。许多学者用角色关系来区分，比如，不平等的关系有老板和雇员、领导和下属、教师和学生、医生和病人、父母和孩子等，平等的关系有同事之间、学生之间、团体成员之间、朋友之间、陌生人之间等。然而这种按照角色来区别平等与不平等关系的观点存有争议，主要是因为角色关系并不能和权势平等与否一一对应，比如司机和乘客、售货员和顾客，有的学者归为平等关系，有的学者归为不平等关系。这是由于对角色概念的理解和期待存在差异而造成的。角色关系只能解释因社会身份、地位等形成的权利与义务方面的差异，而无法成为检验交际活动中双方地位对等与否的唯一标准。同时，由于角色来源于社会生活，往往已经固定化，因此在不同的交际活动类型中，交际者对权势关系或角色关系可以进行动态的调整，做出消除平等或不平等的努力。后来，话语分析学派把权势当作一个群体对另一个群体所拥有的某种形式的控制力量，以此来解释政治话语、医患关系对话过程中的不公正、不平等现象。事实上，权势反映的是人们在会话过程中心理感知的纵向的人际距离。

我们再看距离，有社会距离（social distance）、亲密度（relational intimacy）、相熟度（familiarity）、情感距离（emotional distance）等说法①。这些说法都着眼于说话人和听话人之间的交往频度和喜恶程度，是人的内心情感方面的体验，是水平线上的尺度，反映的是人们在会话过程中心理感知的横向的人际距离。

在社会生活中，无论是垂直线上的权势还是水平线上的距离，它们反映的都是在社会结构中、在人与人的交往中所形成的客观上的静止的人际距离，是语言环境的重要构成因素，权势和距离对这样的人际距离用二维的方式进行了解构。

在对距离与语言的关系研究中，社会语言学和后来的语用学都将人际距离看作自变量，将语言项目看作因变量。在不同的人际距离下，语言形式的选择不同，主要体现在：

（1）代词。社会语言学家布朗和吉尔曼（Brown R. & Gilman A.，1960）在研究法语、德语和意大利语的代词用法的过程中，第一次用权势和一致作为说话人选择不同代词的变量，来考察说话人之间的社会关系和语言项目的选择是否存在对应关系。他们认为，权势是上下级的关系，一致是平等关系，相应地，代词有权势语义（power semantic）和平等语义（solidarity semantic）之分，在运用过程中分为两类，分别用 V（vous，即礼貌形式）和 T（tu，即亲密形式）表示。在权势关系中，T 和 V 不具有相互性，只有 T/V 一种模式，即上级或长辈用 T 表示亲密，而下级或晚辈用 V 表示尊敬；在一致关系中，可以有 T/T 和 V/V 两种模式，即同辈之间用 T/T 表示亲密，用 V/V 表示疏远。陈松岑（1986）运用这两个变量对北京话中的"你"和"您"进行了调

---

① 参见 SPENCER - OATEY H. Reconsidering power and distance ［J］. Journal of pragmatics, 1996, 26（1）：1 - 24.

查，认为汉语代词的运用不仅受交际双方人际关系的制约，还受社会和语境的制约。刘世铸、张征（2003）认为 T/V 是一种最简模式，而汉语的人称代词比较复杂，有很多 T/V 的变体形式，不能简单地归入二分法的哪个层次，同时使用上也要结合具体语境。

（2）称谓或称呼。布朗和福德（Brown R. & Ford M.，1961）对工作环境中不同阶层的交际者的口语交际情况进行了调查，指出在非对称关系中交际者使用某个称谓形式的目的是显示权势，而相同的称谓形式用在对称关系中则表明交际者之间社会距离的疏远和正式程度的加大。文秋芳（1987）对汉语称呼语的形式和影响因素进行了归类，绘制出汉语常用称呼语的使用规则图，将权势与距离进行了"中国化"，其中涉及的社会因素有被称呼人的年龄、姓名、场合、与被称呼人的关系以及密切程度等。后来的研究者结合言语行为、会话分析等理论和方法，认为称呼语不仅具有表示亲密或疏远等积极或消极的言外之意（梁佳，2002），还具有构建会话中的毗邻对、维持话题等作用（来鲁宁、郭萌，2003）。称呼语已经成为社会语言学研究的一个重要内容，并开始转向微观的、质的研究（刘永厚，2010）。

总的说来，在语言学领域社会语言学最先关注到了语言项目随人际距离而变化的情况，甚至在 20 世纪 70 年代社会语言学界还兴起了对语言中的社会标记（social markers）的探讨，如反映社会阶层（socioeconomic status，SES）的"素（etic）"和"位（emic）"（Robinson W. P.，1979）等。但是，由于社会系统的复杂性，在语言中找到放之四海而皆准的"素"是极难的。无论是"素"还是"位"，社会与语言的联结点还只局限在单一的语言项目层面，未能进入更大的言语单位层面。

1.2.2 话语基调

系统功能语言学的诞生，使得我们更加重视社会交际中的语言。韩礼德（Halliday M. A. K.，2007：82）认为语言必须表现出我们的参与。语言是社会符号，人们在日常语言交换中展现出社会结构，对自己的地位和角色加以肯定，建立和共享有关价值和知识的系统，应该在社会语境下来解释语言。语境由三个要素组成：语场（field）、语式（mode）和语旨（tenor）。语场指的是话语活动的类型；语式指的是语言传播的方式；语旨指的是交际者之间的角色关系，在话语中，也可以理解为"话语的语旨（tenor of discourse）"，即话语基调。

韩礼德（2002：56）将话语基调的角色关系分为第一级社会角色（first-order social role）和第二级社会角色（second-order social role）。第一级社会角色是长期的、稳定的社会关系，如师生、父母与子女、同龄的孩子、医生和患者、消费者和售货员、火车上相识的人等；第二级社会角色是暂时的、动态的交流角色关系，如话语的提问者、回应者、质疑者、反驳者等，即话语角色。

韩礼德认为第一级社会角色的区分不需要语言来解释印证，第二级社会角色则进入并存在于语言中，它能够决定说话人的语气项目等的选择。话语角色和社会角色并不总是一致的，比如在课堂上，老师总是提问者，学生总是回答者，和我们平常认为学习者是提问者的观念刚好相反。韩礼德还用一个假设的教授初学者的情境来说明三者的关系，我们引用如下（Halliday M. A. K.，2002：115）：

原文：

Tenor: Equal and intimate: three young adult males, acquainted
      – but with hierarchy in the situation [two experts, one novice]
      – leading to superior-inferior relationship

译文：

话语基调：平等而且亲密：三个成年男性，熟识的
      但在情境中具有层级性，[两个教练，一个初学者]
      倾向于强势—弱势角色关系

我们看到，话语基调着重强调的是第一级社会角色对第二级社会角色的制约和影响，而对交际过程中的角色有无变化没有给予关注，同时，从另一个角度看，这种预测仍是静态的人际距离的体现。

关于话语基调的制约因素，波恩顿认为有三方面：权力、接触和情感，情感的标记与否在于权利和接触的选择，她将其应用在了对英国英语的称呼语的调查中，对解释称呼语的不同运用有一定的说服力[①]。韩礼德的学生马丁受波恩顿的影响，对话语基调的制约因素进行了进一步区分（见图1-2）。

tenor
（话语基调）
   status（地位）
     equal（平等）
     unequal（不平等）
   contact（接触）
     involved（密切的）
     distant（疏远的）
   affect（情感）
     positive（积极的）
     negative（消极的）
     self-oriented（自我的）
     other-oriented（他人的）
     predisposition（平静的）
     surge（激动的）

图1-2　马丁对话语基调制约因素的分类

---

① 参见高彦梅. 话语基调模式探讨 [J]. 解放军外国语学院学报，2001（1）.

话语基调与人际功能的实现密切相关。系统功能语言学认为语言的三大元功能之一是人际功能。人际功能的选择项目是一个系统，包括语气、模态、评价以及语境中由角色关系决定的类似项目等。韩礼德以交流中的小句为单位，分析了话语基调对句子中的人称、语气等项目的选择情况。马丁将话语基调的研究扩展到了语篇层面。他认为这些因素在语音层、词汇层、语法层和话语层都有着具体的表现方式，比如，在话语层，地位的不平等主要体现在对话语的主导和顺从，接触的不同则体现在表达方式的繁简，情感的变化主要由扩展来实现。这些因素的变化会对语篇的构成以及交际者的评价意识产生重要的影响。不过，马丁着重于从理论构建的角度进行分析，并未对完整的语篇形式或会话做详细分析。

系统功能语言学将交际者本身以及交际者在交际过程中的关系作为语言环境的一部分进行研究，并将其列为影响语言系统的重要因素之一。我们认为话语基调的提出主要是基于"话语—交际者"之间的关系，关注的是话语是否符合交际者的角色或身份，以及话语对交际者自身角色的构建，对话语具体的语义语法项目进行审视，是一种趋内的视角，尚未对交际者之间由于互动形成的动态趋势及其在会话层面上的影响予以重视。后来，韩礼德的合作者哈桑（Hasan R.，1985：96）又进一步解释说，话语基调不仅包括参与者的角色，也包括他们之间的社会距离。哈桑把话语基调扩展到社会距离，其关注点正是交际者之间的互动，交际者不仅要扮演自己的角色，还要进行互动才能实现顺利交际。这也是后来话语分析和会话分析的理论出发点。

通过社会语言学和系统功能语言学对人际距离的研究分析，我们看到，人际距离的构成从二维转向了三维，在语言中的体现从单一的、零散的语言项目上升到系统的、多层面的语言系统。在人际距离和语言的联结点上，所观察的语言单位也不断地从小变大，从词语、句子开始走向话语、语篇。

1.2.3 礼貌原则和语用距离

语用学主要探讨的是对话语的理解、推导和制约因素的解释，因此出现了对语言现象解释力很强的礼貌原则。

礼貌原则是基于言语行为理论形成的。言语行为的本质是交际者借助话语所传达的交际目的或意图，只要我们所说的话语传达了一定的交际意图，完成了一定的功能，我们就是在实施言语行为。布朗和列文森（Brown P. & Levinson S. C.，1978）用礼貌来解释言语交际中的不同行为，认为其核心就是人们要讲究礼貌，维护自己或他人的面子。在会话过程中，谈话双方同时面临着积极面子和消极面子的威胁。人们不惜采用种种积极的或消极的策略来保护面子，降低面子威胁行为的威胁程度。说话人既要"参与"（involvement）又要"独立"（independence），很像"刺猬效应"中的刺猬，既要相互取暖又要保持一定的距离。所以我们看到的礼貌和面子的实质是人们对人际距离进行的调节。

布朗和列文森提供了一个基本礼貌模式，他们划分了三种社会变体，一是说话者和听话者之间的社会距离（对称关系）；二是说话者和听话者的相对权势（非对称关系）；三是在特定文化中绝对阶层的强加程度。权势和距离是说话人在实施特定言语行为时，选择不同语言项目的重要参数。而文化背景的差异也是形成礼貌模式差异的重要原因。比如在亚洲文化背景下，话语和礼貌之间的特点还要受到内外关系的制约（Lim Tae-Seop，1994）。向内的人际关系主要受到儒家文化的五种关系的制约：君臣、父子、夫妻、长幼和朋友。外向的人际关系是偶然和别人发生的短暂的、临时的陌生关系，如商店的店员、银行柜台职员等。

斯科隆也认为，构成礼貌（面子）体系的三个主要因素是：权势、距离和强加程度。权势指在等级框架中交际参与者之间的社会地位距离或垂直距离；距离指的是交际参与者之间的亲密程度，体现在平等关系或负权势关系上；强加程度主要体现在话题的重要程度不同上。在斯科隆看来，话语是一个系统，它既包括一种共享的语言或行话、一种特定的意识形态观念，也包括这些特定群体成员间人际关系的特有形式。研究者要关心的是在不同因素影响的情况下，交际者需要采取哪些语用策略。语用策略可以存在于句子层面、语篇层面和话语层面，表现为各种方式的使用，如指示词语、句法形式（陈述句、疑问句、祈使句）等。斯科隆还认为理解会话借助的不仅仅是指称、连词等衔接手段，还包括通过交际背景构建的客观知识、会话中毗邻顺序以及音律等手段。

在我国学者对礼貌现象的研究中，王建华（2001）提出用"语用距离"来说明礼貌现象中的人们的亲疏远近关系。他认为语用距离是交际双方在特定的交际语境中所感知和确认的彼此之间的关系密切程度，用语用亲密度（intimacy degree of pragmatic distance）来描述。他还设定了初始语用距离和交际语用距离，用五种人际关系类型（陌生关系、工作关系、朋友关系、家庭关系和情爱关系）来衡量初始语用距离向交际语用距离的转变。吴学进（2004）将人物之间的亲密程度称为人际距离，通过对小说《遭遇爱情》中不同称谓语的统计，设计了表示小说人物之间距离值的图表来确定两个主人公之间是情爱关系还是工作关系。

我们认为这五种人际关系类型对分析言语交际中人际距离的变化并没有太大作用，原因是：①这五种关系并不是亲密度的阶梯式上升，比如家庭关系并不一定比朋友关系更亲密；②有些关系是交叉的，比如工作关系和朋友关系，既可以是同事，也可以是朋友，只是角度不同；③这五种关系并不能对所有或者大部分的社会关系和亲疏程度的差异进行区别，比如，《故乡》里迅哥和闰土的关系，迅哥认定的是朋友关系，用"闰土哥"称呼，而闰土用"老爷"回应，这里认定的关系既非朋友关系，也不是工作关系，而是社会等级。此外，在话语分析领域，语用距离是用来研究说话者和话语构建的世界之间的关系的重要参数（Pocheptsov G. G.，1994：765）。因此，我们认为把交际者之间的人际距离称为语用距离不够妥当。

1.2.4 话语分析中的身份构建与转换

话语分析的出现是语言认识不断发展的必然结果，体现了语言研究从形式到功能，从静态到动态，从词、句分析到话语、篇章分析，从语言内部到语言外部，从单一领域到跨学科领域的过渡（李悦娥、范宏雅，2002：1）。目前学界对话语分析的定义因语言学家不同的着眼点而不尽相同。布朗和尤尔（1983：3）从功能的角度来定义话语，认为语言具有交易功能（transactional function）和交流功能（interactional function），话语分析是对使用中的语言进行分析，话语分析学者应该尤其关注语言在会话中由于角色关系（role-relationships）、朋辈一致（peer-solidarity）等的协商而出现的话轮交换、说话人和听话人面子保全方面的现象。不过他们在《话语分析》（*Discourse Analysis*）一书中，只对话语中的话题结构、信息结构以及衔接情况做了分析，并未涉及角色和身份的问题。

斯塔布斯（Stubbs M.，1983：159－160）在论述言语行为和社会角色的关系时曾指出，社会角色和言语行为之间的联系不仅需要文字上的表述，还需要有行为上的正确理解。他认为，要分析交际者之间的协调（negotiation），必须要对交际者从整体角度进行认识，弄清楚交际者展现的是他所代表的某个集体的行为还是他个人的行为，如会议主席的控制权可以从话语的整个话题进行分析，也可以从话语标记"well"的使用情况进行分析。这些手段构建了说话者的身份。德菲娜（De Fina A.，2010）对话语和身份之间的磋商研究进行了回顾，认为身份的构建是说话人在话语中，尤其是自传性叙述中定位的过程。在会话中，身份的构建和社会特征密切相关，可以通过很多方面来寻找到蛛丝马迹，如话语、句子或者是复杂的表意分类系统，社会集团的特征，社会角色和态度，个人和群体的立场等。

近年来，机构性会话里交际者的身份构建，特别是医生和教师的身份构建成了话语分析的研究热点。这种权势性的话语特点可以从话语控制和反馈的方式上体现出来，比如提问的方式往往预定了病人的回答方式，还决定了病人的参与程度①；反馈的程度和形式的差异能够表达说话人的意图和感情，教师在课堂上使用的反馈手段会对交际效果产生重要影响，因为一般性反馈只表明倾听，而高度支持性反馈还可以表示与说话人保持一致的趋向，是双方互动的积极性表现。董平荣（2012）以英语会话为语料，对中国学生和英国导师之间的身份建构和维持过程进行了分析。他将身份分为三个层次，第一层次是话语角色，如话题的组织者与跟随者、提问者与回答者等；第二层次是行业身份，如导师与学生、医生与病人等；第三层次是宏观身份，如英国人和中国人、男性和女性等。这个分层对处理不同文化背景和行业的会话有一定帮助。该书立足于导师与学生这一特定行业身份，对两者在话语角色上的差异进行了探讨，认为会话中的提问方式、话语标记、话题组织等方面都显示出中国学生的英语水平和特点。虽然语料属自然语料，但是由于导师与学生的人际距离在交际过程中始终处于维持状态，缺少对人际距离拉大或缩小的情况分析。

1.2.5　言语行为和人际策略

言语行为理论对语言学的影响和启示很大。功能主义和形式主义一直被视为语言学的两大阵营，然而言语行为理论不同于任何一个阵营，它为语言研究提供了新视角。这一理论是由哲学家奥斯汀（Austin J. L.，1962）提出，塞尔（Searle J. R.，1976）修订而形成的，核心思想是言语交际不仅是说话，也是一种行为，是以言行事、言中有行。它的价值在于将语言、社会、心理三方面结合起来进行研究。奥斯汀把一个言语事件切分为三个部分：说话行为、施事行为和取效行为，将形式、意义和意图分开了，也被译为"以言指事、以言行事、以言成事"。一般认为这三个行为的关系是：说话行为是表层的，是字面的本义；施事行为是蕴藏在具体言语之外的力量；而取效行为则是言语行为对听话人产生的效果。言语行为的构成类型主要有五种：断言性、指令性、承诺性、表态性和宣告性。从显著性划分，又可以分为直接言语行为和间接言语行为。塞尔认为，言语行为可以是连续的，而且一个言语行为还可以成为另一个言语行为的目的或意图。

如果把言语行为理论上升到一个交际事件来看，调节人际距离也可以被认为是一种行为，这种行为不会直接由言语形式表现，而是经由交际者实施其他具体的行为来实现，所以它既可以是目的也可以是效果。比如说话人发出问候

---

① 转引自刘宇慧，承红，刘宏涛，等. 英语会话分析与口语教学研究［M］. 上海：华东理工大学出版社，2010：101.

的目的是为了能够维系或拉近双方的人际距离，我们可以从听话人的反应（如回应问候、微笑等言语或非言语的反应）来判断这一行为是否达到效果。此外，在一个交际事件中，调节人际距离还可以成为使用策略的目的。比如 A 在向 B 提出请求前，先问候 B，运用问候拉近彼此间的人际距离，为请求的实现做铺垫。调节人际距离成为实现另一个言语行为的桥梁。选用什么样的语言方式或手段进行调节，除了受外部世界的情境影响以外，也和调节人际距离所关联的另一个言语行为有关。在我们搜集的语料中，打入电话的行为目的都是试图要人做某事，属于指令性言语行为。但在不同的人际距离下，调节人际距离的迫切度不同。比如在父女对话中，实施指令性言语行为并不会拉大彼此间的人际距离，所以人际距离的倾向是维系。但是对于推销员来说，实施指令性言语行为会损害另一方的面子，会导致人际距离的拉大，因此，需要积极使用语言手段来拉近人际距离，从而实现交际目的。

从这个角度看，人际距离的调控是在心理层面驱动交际者进行语言手段的调控，这是交际者主动实施的一种有意识的策略。在这一策略下，交际者可以通过在会话中实施一系列的具体言语手段来达到调控人际距离的目的，比如称呼、问候、共建背景知识、对不同类型话题的转换、反馈、道别等。

本书的目的是对调节人际距离的语言手段进行研究，主要从说话人的目的来研究，这样会更有利于对语言手段的总结和归纳，当然，我们也会关注这些手段的实施效果，尽力做到结合目的和效果两方面来进行分析。

1.2.6　小　结

通过以上分析，我们认为：

（1）"人际距离"这一概念可以更好地体现出交际过程中交际者之间关系的维系和变动。人际距离是在人与人的交往过程中产生的，由于社会结构、交往频度、感情倾向等因素综合形成的心理认知层面的差距。它来自客观存在的社会关系和人际关系，动态地存在于具体的交际活动中，呈现出维持、拉近或扩大的趋向。社会关系和人际关系是社会的客观存在，并不能体现交际过程中交际者心理层面对它们认知的动态性。角色论虽然能够展现社会赋予人的特征，但是其只着重于语言对角色的构建，而缺乏对角色之间互动的关注。同时角色的分类十分多样，所谓会话过程中进行角色变换，其实质是说话人对人际距离的调节，并且双方通过协商，可以使交际和谐，更好地实现交际目的。因此，使用"人际距离"这一概念可以更好地体现出人际距离的动态性和协商性。

（2）语言具有构建和调节人际距离的功能。从系统功能语言学的角度看，语言系统是具备社会功能的符号系统。人们在不同的语境中使用语言，语言的各种社会功能在使用中得以实现，语言系统中的每一种语言现象都可以从功能的角度得到解释。在语言学研究中，一般有两条研究思路：一条是形式，一条是功能，即或者从语言形式出发，研究语言形式的特征和类型，或者从功能角度探求语言中相应的表现形式。我们认为，人们运用语言可以构建和调节彼此之间的人际距离，这是语言功能的一种具体体现，功能与形式密不可分，探讨这一功能在自然语言中的体现，说话人通过怎样的言语手段和形式实现这一功能是本书的主要研究动机和目的。

（3）言语手段对人际距离的调控需要从会话层面进行系统性的观照。我们已经知道人际距离的体现不仅存在于词汇和语法层，还存在于语篇和话语层，但这仍不足以体现人际距离的动态性和协商性特征，我们还需要从更大的分析层面来进行观照，还需要在互动的情景下进行分析。人际距离是附着在会话过程中的影响话语的重要因素，涉及人的社会认知、心理状态和语言能力等，它的动态性和协商性决定了我们必须从会话层面入手，在会话的过程中进行分析。因而，本书分析的言语手段不同于传统的语言项目，会话的结构（包括相邻对、话轮等）、会话策略以及语篇中的话题、话语标记等都是我们的研究内容，我们需要从调节人际距离的角度将这些项目系统化。

1.3　会话分析与电话会话研究概述

本书选取的语料全部来自电话会话，因此有必要对会话分析和电话分析的研究做简要介绍。

1.3.1　会话分析（conversation analysis）

会话分析是 20 世纪 60 年代出现在美国的一种社会学研究方法，创始人萨克斯（Sacks H.）是社会学者，对社会秩序问题的关心，使他对会话产生了兴趣。他指出会话本身也具有结构性和规律性。由此，长期以来被认为是琐碎的、杂乱无章的会话成了语言学研究的对象。

会话是人们日常生活中最常用的交际形式，也是语言和社会最大的联结点。会话分析学派认为，语言和社会的影响是双向的，社会结构是通过人们的交谈建构和巩固的，研究交谈行为本身就是研究社会结构。在实际的研究中，会话分析学派避免将两者之间简单地对应，从微观的角度来看，它对交谈的解释更加深入细致。目前会话分析学派研究的会话几乎无所不包，在类别上主要分为日常会话和机构性会话。由于这一学派观察的焦点集中在自然环境中人们的交往过程，因此有学者提出用"交往中的谈话（talk-in-interaction）"来代替"会话"一词。又因为需要借助录音或录像进行研究，所以哈赤比和伍夫特（Hutchby I. & Wooffitt R. , 1999：14）把会话分析定义为"对录制下来的自然发生的交谈的研究"。会话分析就是对人们日常生活中的交谈进行分析，目的是揭示其语言特点及其在日常生活中的应用。

　　会话分析的基本观点主要有：①会话是人类日常活动的重要组成部分，在谈话时会话者通过共同和协调的活动达到相互之间的沟通；②会话的结构要求会话者的活动按照一定的顺序进行，互动行为的参与者都拥有一些组织会话顺序的实际方法，也明白如何用这些方法完成一次交际任务；③会话活动的意义是由交际者本身的活动创造出来的。

　　会话分析的出发点是将日常交际中的最基本形式——会话作为分析目标。正是基于此，茱（Drew P. , 2005）提出了语言研究需要进行会话分析的理由：会话分析的基础是会话，这是社会交际最基本的形式；它分析我们在日常的社会事件中所能反映在会话中的行为；通过会话分析的实践，可以发现，在我们与他人进行有意义的交际的基础上，会话具有高度的组织性和模式性，这也是构成我们会话能力的基础。会话分析作为一种语言学的学派，兴起时间并不长，但其研究成果十分丰富，主要体现在：①确立了会话分析的基本概念，如话轮转换（turn-taking）、相邻对（adjacency pair）等；②对会话内部的变异进行了解释，如选择等级（preference organization）、修补规律（repair mechanism）等；③初步构建了会话分析的宏观结构，特别是对电话会话中的开头、结束和讲故事做了分析。

　　会话分析要求研究者根据实际发生的交谈进行严格细致的分析，把交际者在交谈中完成的行为作为分析的出发点，侧重交谈的序列结构。研究者应该将一些明显的直觉，转化成以观察为依据的、细致的、有条理的分析。研究者的任务是以实际发生的交谈行为作为出发点，以这些行为作为参考和依据而进行分析，帮助我们认识交谈中以前没有注意到的特定细节，并理解它们的重要性。本书的研究框架建立在所搜集到的语料上面，侧重于对细节的分析，这符合会话分析的基本出发点。

　　目前会话分析领域中，国外的研究成果较为丰富，主要体现在对会话微观结构的分析和对会话过程中出现的行为及应对的分析。这两方面也分别被认为是纯会话分析（pure CA）和应用会话分析（applied CA）。纯会话分析的着眼点是话轮转换、序列组织等一般性规律，如《会话开头的序列》（*Sequencing in Conversational Openings*）（Schegloff E. A. , 1968）和《开端与结束》（*Opening up Closing*）（Schegloff E. A. & Sacks H. , 1973）就是典型的纯会话分析范本。应用会话分析研究的是行为及应对，着眼于这些一般性规律在不同的"更大的结构（larger structure）"上的运用，如机构性会话、教学会话等（Ten Have

P.，1999：189）。不过，由于会话分析的着眼点不同于传统语言学的研究项目，因此，在会话的动态过程和会话细节的分析上，我们还需要结合其他语言学理论来进行分析。徐碧美（Tusi Amy B. M.，2000）的《英语会话》（*English Conversation*）为我们提供了很好的研究启示。在借鉴和结合会话分析、系统功能语言学、言语行为等理论的基础上，她提出了一个描述会话话语、会话组织和会话发展趋向的框架，着重对话语行为中的起始行为、要求行为和指令行为，以及话语中的反馈及其后续行为等方面做了结构和功能上的分析。

会话分析在国外已经发展了近四十年，我国国内学者的研究目前主要以引进和介绍国外研究为主，刘运同（2007）编著的《会话分析概要》和于国栋（2008）编著的《会话分析》较好地介绍了国外会话分析的历史、研究动态及成果。此外还有马博森（2001）的《研究随意性会话的语言学框架》、张荣建（2002，2005）的《会话与随意会话分析》和《会话和批评性会话分析》，以及于国栋（2010）的《机构性会话的会话分析研究》，他们都对国外会话研究的新进展进行了介绍。

在研究成果方面，于晖（2002）在《会话结构探微》中介绍了贝利提出的会话结构单位——"交换"，提出会话结构系统由言语功能和交换两个子系统构成，交换是由一组具有不同言语功能的语言单位进行序列组合而生成的一种结构形式。这给我们从结构上关注功能提供了参考。该文正如其他的会话研究成果一样，仍以英语语料为主。以汉语为语料的会话研究数量不多，主要集中在三个方面：①对会话中的某些结构或现象进行分析，如自然会话中的打断现象（李悦娥、申智奇，2003）、汉语环境下请人帮助言语行动的对话结构类型和语列（单力真，2004）、产前检查会话的序列特点（于国栋，2009）、机构性会话中的修正现象（杨石乔，2010；朱娅蓉，2010）等；②对日常会话中的某些固定项目进行分析，如反馈信号（吴平，2001）、支持性言语反馈（于国栋，2003）、应答语（郭凤岚，2007；李永华，2008）等；③对外汉语教材中的会话研究（单曦，2008；亓华、杜朝晖，2009；刘圆，2011）。

整体看来，目前我国会话分析存在如下不足：①语料上，自然语料十分匮乏，无论是机构性会话还是日常会话都尚未形成大型的语料库，都仍局限于研究者自建的小型语料库；②研究角度上，沿用会话分析的微观视角，集中在对国外已经有相当成果的部分进行汉语里的验证和比较，尚未形成对汉语自然会话的整体结构进行分析的框架；③研究路向上，集中在方法论和跨文化研究方面，社会学方向很少。

1.3.2　电话会话（telephone conversation）和机构性会话（institutional talk）

在日常会话中，比较常见的一种会话形式就是电话会话。电话是人们日常生活中必不可少的用来交际的媒介。虽然电话早在 19 世纪就出现了，对电话会话的研究却直至 20 世纪才开始。霍柏（Hopper R. 1992：1）说，为了维系人际关系、传递信息、进行商业推广等活动，我们实际上已经成了"电话人（the people of telephone）"。

如前所述，电话会话语料具有一般日常会话语料不具备的一些优势，因此，电话会话是会话分析的一个研究热点（于国栋，2008：8）。陆镜光和潘力都（Luke K. K. & Pavlidou T. S., 2002）编著的《电话对话：会话结构在跨语言文化中的一致与分歧》 *(Telephone Calls: Unity and Diversity in Conversational Structure Across Languages and Culture)* 一书收集了当下电话会话中的最新研究成果，研究的语料从英语扩展到非英语的语言，如粤语、日语、希腊语等。书中将电话会话的研究划分为三种不同的路向：社会学研究路向、方法论研究路向和跨文化研究路向。社会学研究路向的研究目是解释电话会话背后的社会秩序，典型的代表就是萨克斯对机构性会话的分析。

电话会话是从交谈发生的媒介角度对语料进行的分类。在会话分析中，还有一个分类标准，那就是交际者在交谈中是否使用了机构性身份。因此机构性会话的界定并不是以会话发生的地点为标准的，而是以交际者是否以机构性身份进行会话来判定。也就是说，对于某个会话行为来说，不管它发生在什么样的场景下，只要涉及会话参与者的机构性身份，那么这个会话行为就是机构性会话。

与日常会话相比，机构性会话有以下特点：

（1）以任务为驱动（task-related）。日常会话的参与者可以没有特定话题，并且不断改变话题，而机构性会话则是交际双方为实现某个具体的任务而进行的。

（2）机构性会话的交际双方或一方代表着某个社会机构，谈话的内容涉及专业知识，谈话的展开利用了交际双方的社会身份。

（3）机构性会话的开展方式有很多，可以是面对面，也可以是电话会话，甚至利用互联网也可以开展。这都不能改变机构性会话的特征。

（4）机构性会话可能存在与特定机构相关的推理框架和程序。

茱和贺瑞提格认为机构性会话研究可以从以下方面展开：词汇选择（lexical choice）、话轮设计（turn design）、序列组织（sequence organization）、谈话的整体结构（overall structural organization）以及谈话的社会认知和社会关系（social epistemology and social relations）。所有这些内容的开展与实现都要求交际者采用诸如话轮转换、话语修正、言语反馈等常见的会话手段。[①]

国外常见的机构性会话研究主要集中在医患交际会话、法庭辩论、师生课堂会话等方面。国内的研究成果较少，如高一虹（2001）根据电话心理咨询的结构特点提出了会话的等级，分别为语篇、语段、回合、话步、话目，并分别就"来话者"和"咨询员"的话轮结构、导语的结构和功能进行了分析；于国栋（2009）对产前检查中建议序列的结构和执行手段做了总结。本书研究的语料中，大多数会话属于机构性会话，特别是销售类和商业活动类的会话，其中一方的交际者带有强烈的目的，有拉近人际距离以达成目的的需求，所以我们以这部分机构性会话为重点研究对象，同时对比其他人际距离倾向下有类似要求行为的会话，来探讨拉近人际距离的模式和手段。

1.3.3　会话分析的单位和结构

目前来看，在会话分析领域，会话分析的单位有话轮、相邻对、序列、话步、交换等。我们根据语料分析的需要，对这些单位做简要介绍。

1.3.3.1　话轮、相邻对和序列

话轮是萨克斯提出的概念，但他并未进行详细的定义。一般来说，在会话的过程中，交际双方是轮流说话，每得到一次说话的机会，称为一个轮次。刘虹（1992）指出构成话轮必须满足三个条件：一是具有和发挥某种交际功能；二是没有出现放弃的信号，如沉默；三是结尾发生说话人和听话人之间的转换。我们采纳这一定义来判定话轮。

在话轮的内部可以包含一个或者若干个话轮构成单位（turn construction units，TCU），从语言学的角度来看，TCU 形式多样，可以是句子，也可以是词或短语。TCU 具有可预测性，并且在结束处可能发生话轮权的转移，这个地方叫作话轮权转移相关点（transition-relevance place，TRP）。萨克斯、谢哥洛夫和杰斐逊（Sacks H.，Schegloff E. A. & Jefferson G.）在 1974 年发表的《会话中话轮转换规则的最简系统》（*A Simplest Systematics for the Organization of Turn-taking for Conversation*）中，描述了 TRP 的应用规则，是会话分析的一项重要成果。

相邻对是由两个相邻的话轮构成的，这两个话轮是由两个不同的说话者发出的。在结构上，这两个话轮之间具有某种典型的关系，比如"请求—满足""提问—回答"等，次序不能颠倒。相邻对是会话分析中的重要概念，因为会话规则和其他结构特征都要依靠相邻对才能实现分析和解释，而且相邻对的特

---

① 转引自于国栋. 会话分析［M］. 上海：上海外语教育出版社，2008：246.

点决定了第一个话轮（first pair part，即 FPP 或 F）对第二个话轮（second pair part，即 SPP 或 S）有预示性，第二个话轮和第一个话轮有相关性，相邻对的任何异常都有可能是值得注意的关键地方。

序列则是由一个或者多个话轮组成的能够表达完整意义的最小单位。日常会话中的序列可以表现为一个相邻对，也可以表现为扩展型的话对。扩展的形式有前扩展、后扩展和插入扩展三种类型。序列是话语或话轮获得意义的主要途径，因为一个完整的序列提供了交际者完成话语行为的具体语境，也赋予了话语具有的真实含义。同时，序列也是构建交际者的身份、维持和调节交际者之间的关系的主要途径。

1.3.3.2 话步、SCT 和交换

辛克莱和考萨德（Sinclair J. & Coulthard M.，1975）在分析课堂口语话语时，借鉴了韩礼德的语法层描写单位，提出一个描写框架，即"行为—话步—交换—交易—课堂"，每一个上级单位都是由下一级单位构成的，形成阶梯式的行为框架。这个框架中的"行为""话步"和"交换"后来被一些会话分析学者使用，并且认为"交换"能够弥补相邻对的不足。交换由三个话步构成：起始话步、回应话步和后续话步。这是因为，在自然会话中，人们并不总是遵循相邻对的关系来进行会话，而是使用三段式的结构来完成。谢哥洛夫（Schegloff E. A.，2007：118）在讨论序列的时候也注意到了相邻对的缺陷，他提出用最小后扩展（minimal post-expansion）来表示后续话步，命名为序列结束的第三部分（sequence-closing thirds，SCT）。所谓最小，是限制了话轮的数量，也就是说，这一话轮不会再启动其他会话，它的出现只是相邻对的最小扩展，其构成形式也是有一定数量的，最常见的三个形式是"Oh""Okay"和评价。

事实上，在辛克莱和考萨德的分析中，话步和话轮的概念基本是一致的，交换和相邻对之间呈现出的是互补关系。这样，会话交际的结构层次从小到大依次为话轮（话步）、相邻对（交换）、序列（交易）、会话。

在我们的语料中，由于会话所完成的行为类别基本相同，因此对不同人际距离下的会话结构上的对比可以采用"由上往下"的方式来进行，即"序列—相邻对—话轮"。话轮是距离话语和语法最近的层面，也是我们重点分析的部分。

1.3.3.3 开头、结尾和讲故事

对电话会话的研究主要集中在电话会话的结构规律方面，霍柏（Hopper R.，1992）从整体上把电话会话分为开头（opening）、话轮和脉络（trajectories），并对英语电话会话的结构做了简要描述和分析。在目前的电话会话分析的研究成果中，更为一致的看法是：电话会话的宏观结构由三大块构成：开头、结尾和讲故事。

谢哥洛夫（1968）认为，在电话会话开始部分有四个核心序列：呼叫—应答序列；身份识别—确认序列、打招呼序列和问候语列。孙浩对非正式的汉语电话会话的开头进行了分析，将开始部分分为打招呼、称呼对方、身份识别、关于对方的提问、确认再次联系成功、对声音识别的评价、检验是否被打扰，以及优先交流行为等八个交流行为的话步。也有学者从功能的角度来划分会话结构，谭海伍（Ten Have P.，1999）认为从功能主义视角来看，电话会话的开始部分可以分为以下三个阶段：建立联系阶段（establishing contact）；建立/重新建立关系阶段（re/establishing a relationship）和发起话题阶段（working towards a first topic）。

电话会话的结束和开头有些不同，首先需要确定如何获得结束序列。谢哥洛夫和萨克斯（1973）认为结束序列只有在一个话题已经结束，而且其他说话者也同意不再引入新的话题时才能产生，因此，结束部分由三个序列构成：话题界定序列、前结束序列和结束序列。

至于电话会话的主体部分，由于电话交际内容的多样性，目前的研究成果主要集中在讲故事部分的叙事结构和体裁。由于这和本书语料的主体内容并无多大关联，故不再赘述。

1.3.4 小 结

会话分析把交际当作分析的主体，为研究自然语言提供了新视角。它先从结构上对自然语言进行分解，主要研究话轮构成单位、话轮、序列、会话结构以及交际者的合作等交际因素与话语之间的关系。会话分析的这些观点和方法跟传统的主流语言学研究可以说是完全不同的。自索绪尔将语言和言语分开，语言研究就长期受困于形式结构而无法突破。当语言研究向言语研究转向，又难于解决以直觉来定结论的问题，而且，语言研究的基本层面和社会影响因素之间存在较大的跨度，没有有效的联结点。因此，话语分析应运而生。话语是比句子大的单位，可长可短。话语分析强调语言交际过程的权力关系，对日常生活实践的多样性和复杂性关注不足。会话分析与话语分析相关，却独辟蹊径，其显著特点在于语料的真实性，要求在分析语料之前不带任何假设，更大程度地反映日常会话交交际原状，通过观察日常会话发现规律性的东西。因此，会话分析被看作一种对社会行为和自然发生的社会现象的组织特点进行描写的分析方法，这种研究方法关心的是细节，以及细节背后的社会属性。会话规律反映的是人们在日常生活中运用的理性或常识，是会话的参与者在交往活动中建构现实的结果。会话分析提供了这样一个桥梁，使得我们能够从微观上观察各种社会因素对语言的影响。

1.4 研究方法和语料

1.4.1 研究方法

本书以自然语料为基础，以语言构建和调节人际距离的功能为导向，对实现这一功能的方法和手段进行描写和归纳。如前所述，我们不能对所有不同的人际距离下的话语模式和话语手段都加以描写，但是我们可以对某一社会个体进行定时定量的语料搜集，对搜集到的语料进行整理，再进行分项分析，力求在客观调查的基础上得出相对科学的结论。从客观的语料考证和辩证结果分析，大胆假设，提出自己的观点和模式。

我们主要采用会话分析的方法，对语料的结构先进行解析，然后对其中的语言形式或手段进行观察。在进行细微描写和观察的过程中，主要运用了对比分析法和个案研究法。在语料搜集的过程中采用了介入观察法。

1.4.1.1 对比分析法

一般来说，会话分析的对象主要有两类：日常会话和机构性会话。在会话分析中，对比分析法十分重要。由于对日常的会话活动有了较深的研究，会话分析学派在研究机构性会话时常常采用对比分析法。本书语料中的保险推销员和顾客、教师和学生之间的谈话就都属于机构性会话，而和父母、丈夫、朋友、同事之间的谈话则属于日常会话。然而对电话会话的分类，目前意见还不统一。通常认为，不论是面对面，还是通过其他媒介，判定机构性会话的标准主要是参与者的身份，也就是说，只要有一方是以机构性身份进行会话的，都会被认为是机构性会话。日常会话则是指那些无关紧要的，主要用来维系感情的会话。所以，我们以语料中的机构性会话为主要研究对象，和日常会话做对比，在控制变量的前提下进行分析。如前所述，语境由三个要素组成：语场、语式和语旨。这三者之间的关系是相互依存的，在我们理解语言的时候，如果只知道某一个方面是无法预测语言的，但如果三个方面都知晓，而且细节越丰富，那么我们能预测的语篇的特征就会越多。所以可以将它们看作三个变量，在控制变量的过程中来观察语篇（Halliday M. A. K.，2007：112 – 113）。

语境的三个构成要素也是影响话语的三个变量，语场是会话的类型，它对语篇的性质有决定性作用，在我们的语料中，会话内容主要是推销、邀请、询问等，可归纳为指令性的言语行为或活动；语式是话语的媒介方式；语旨是参与者之间的关系，也就是我们所说的人际距离。前两项在我们的语料中基本属于不变量，而变量只有交际者的人际距离和不同的人际距离倾向。因此，我们的对比是可行的。

1.4.1.2 个案研究法

从社会语言学的角度来说，语言的个人使用具有重要的意义，虽然个人对每种语言的习得能力是有限的，但是他能以某一集团的语言方式来使用语言，体现出语言的使用特征。这也是个案研究的认识论基础，描写、理解和诠释个体的意义。因此，我们采用个案研究法，以某个交际者为中心，以其他交际者和他进行交流的情况为个案，从微观角度来进行分析和探讨。

个案研究也称案例研究，是社会科学研究中常用的研究方法之一。"个案研究是一种实证性探究，它研究真实生活场景中的当前现象，特别适用于现象与其背景的界限并不明显的状况"（Yin R. K.，1984：13），因此需要我们从整体的角度了解事件或现象的活动脉络。当然在研究过程中，我们需要特别留意个案的特殊性、复杂性和启发性。

研究并认识事物的特殊性和复杂性的重要性不亚于对事物共性的发现和求证，包括在个体中寻找共性。从本质上来说，个案研究是质性研究范式。个案研究对研究对象所处的环境进行全面、精细的"特写式"观察和检视，所以这个方法已经成为应用语言学、二语习得和语言教学等相关领域特别受欢迎的研究方法。个案研究的深入性能够帮助我们对事物的复杂性和动态本质进行有效捕捉和分析，所以这一方法对于本书的研究十分重要。

1.4.1.3 介入观察法

本研究采用介入观察法搜集语料。介入观察也叫参与式观察（participant observation），指的是研究者在融入研究对象所处的环境，成为现象或事件中的一部分时所开展的观察。这种观察为个案研究提供了特殊的收集数据的机会，其特殊性在于对现象或事件的理解来自个案内部人（insider）的视角，而不是外人（outsider）的视角。研究者对语料细微之处的分析和解释较为可靠。

本书的语料全部来自电话录音中以研究者为中心的打入类电话。从研究对象对语料的影响上来看，被观察的来电者是在完全不知情的情况下和接电话者进行对话的。对于接电话者来说，由于录音时间跨度较大，来电具有时间上的任意性和离散性，因此在录音过程中，接电话者虽然预先知道会被录音，但在交际过程中，并不能总是留意到被录音的状态，同时也没有刻意改变日常言谈方式的必要，所以最大程度上避免了对会话的操控。语料的客观性和随意性保证了研究的真实性。

1.4.2 语料

1.4.2.1 基本情况

本书的语料是 2011 年 10 月至 12 月录制的打入电话的会话录音。语料的格式为 3GP，总时间长约 167 分钟，具体的长度和录制时间见表 1－1。

表 1-1 本书语料情况一览表

序号	身份	标签	大小	长度	录制时间
1	4S 店顾问	4STM1	159KB	01:03	2011-11-08
2		4STM2	101 KB	00:47	2011-11-14
3		4STM3	530 KB	04:05	2011-12-08
4	保险推销员	BXLL1	256 KB	01:58	2011-11-02
5		BXLL2	115 KB	00:53	2011-11-03
6		BXLL3	1.10MB	08:46	2011-11-07
7		BXLL4	259 KB	02:00	2011-11-10
8		BXLL5	125KB	00:58	2011-11-14
9		BXPA	82.2 KB	00:37	2011-12-13
10		BXPD	114 KB	00:53	2011-11-15
11		BXRS	291KB	02:15	2011-11-01
12		BXTP	929KB	07:11	2011-11-04
13		BXYG1	786 KB	05:44	2011-10-25
14		BXYG2	194KB	01:30	2011-11-03
15	汽车年审业务员	NSJD1	305KB	02:21	2011-12-07
16		NSJD2	103KB	00:47	2011-12-19
17		NSSY	40KB	00:18	2011-11-24
18	商业活动邀请者	YQNF	183KB	01:24	2011-12-08
19		YQFY	312KB	02:24	2011-11-30
20		YQJJ	317KB	02:26	2011-11-21
21		YQMR	139KB	01:03	2011-12-09
22		YQSY	106KB	00:48	2011-11-24
23		YQTP1	166KB	01:16	2011-11-10
24		YQTP2	172KB	01:19	2011-11-11
25	R 的学生	XSCL	619 KB	04:47	2011-11-28
26		XSHYP	884 KB	06:50	2011-12-08
27		XSLYP	182 KB	01:24	2011-11-20
28		XSWBS1	1.65MB	13:07	2011-11-08
29		XSWBS2	55.4 KB	00:25	2011-11-10
30		XSWBS3	75.5 KB	00:34	2011-11-12
31		XSWBS4	119 KB	00:55	2011-11-13
32		XSWBS5	216 KB	01:40	2011-11-14

（续上表）

序号	身份	标签	大小	长度	录制时间
33	R 的学生	XSWF	558 KB	04:19	2011 - 12 - 27
34		XSWM	262KB	02:01	2011 - 12 - 01
35		XSWMQ	505 KB	03:54	2011 - 12 - 10
36		XSWX	153KB	01:10	2011 - 11 - 12
37		XSYH	606KB	04:40	2011 - 12 - 05
38	R 的同事	TSC1	112KB	00:51	2011 - 12 - 02
39		TSC2	2.05MB	16:18	2011 - 12 - 22
40		TSF	357 KB	02:45	2011 - 10 - 30
41		TSJ	4.81 MB	38:11	2011 - 11 - 05
42		TSQ	252 KB	01:52	2011 - 10 - 25
43		TSZ	139KB	01:04	2011 - 11 - 15
44	R 的师妹	SMLY	672KB	05:11	2011 - 12 - 27
45	R 的爸爸	BABA1	215KB	01:39	2011 - 11 - 04
46		BABA2	34KB	00:15	2011 - 11 - 19
47	R 的丈夫	LG1	37KB	00:16	2011 - 11 - 14
48		LG2	59KB	00:27	2011 - 12 - 19
49	快递员	KDJD	26KB	00:11	2011 - 12 - 22
50		KDSF	86KB	00:39	2011 - 10 - 25
51		KDYT	38KB	00:17	2011 - 12 - 19
52		KDZT	28KB	00:12	2011 - 11 - 07

说明：表内的标签仅作标示区别用。如果是同一个人的几次会话则在标签后标注序列号来区别。

在搜集到的语料中，我们用 R 表示接电话的人。R 的身份是大学教师。打入电话的人的身份主要有 4S 店顾问、保险推销员、汽车年审业务员、商业活动邀请者、快递员，这些人和 R 是陌生关系，打入电话的人还有 R 的学生、同事、师妹、爸爸、丈夫等。由于学生对 R 较为熟悉，所以我们将其归为熟识关系。同事、师妹则和 R 属于熟识关系，爸爸和丈夫属于家庭中的亲密关系。从交际过程反映的感情倾向来看，R 和亲密关系中的爸爸和丈夫、熟识关系中的同事和师妹以及快递员之间的会话主要是维持现有关系，而保险推销员、汽车年审业务员和商业活动邀请者则由于交际目的的驱动，有强烈的拉近人际距离的倾向。此外，他们虽然具有一定的专业知识背景，但交际目的是说服 R，所以这种专业背景和交际目的之间存在互补，是平等关系。而 R 与 R

的学生，则是典型的上下关系。所以这两类会话具有对比价值。此外机构性会话和日常会话存在差异已是共识，但差异有多大，尤其是受到交际者之间的人际距离影响的差异情况，需要我们来对比观察。从交际内容看，R 和保险推销员、快递员、学生之间的会话是典型的机构性会话。R 和爸爸、丈夫、师妹之间的会话是非机构性的，和同事中的 TSQ、TSZ 的会话属于机构性会话，和其他同事的会话则是非机构性的。和大部分同事、师妹之间的会话虽不是机构性的，但交际内容却不是杂乱无章的，都是有所求，所以更容易看出机构性会话和日常性会话的差异。因此本书重点讨论平等的陌生关系中机构性会话所显现出的模式和手段。表 1-2 是本书语料中的人际距离情况的汇总。

表 1-2　本书语料中的人际距离情况

会话性质	非机构性会话		机构性会话		
亲疏关系	亲密	熟识		陌生	
上下关系	R 的爸爸				
平等关系	R 的丈夫	R 的同事	R 的同事	保险推销员	快递员
上下关系		R 的师妹	R 的学生		
距离倾向	维持	拉近	维持	拉近	维持

1.4.2.2　转写体系

会话分析的转写体系是由盖尔·杰弗逊（Gail Jefferson）发明的①。这套体系非常有利于捕捉言语产生的特点和话语之间的时间特征，我们根据汉语的特点，对这套体系做了一些细微调整，具体体例如下：

C　即 Caller，表示打进电话的人。

R　即 Recipient，表示接电话的人。

[　表示同步话语，即同时开始的话语。

]　表示同步话语结束。

[ ]　表示重叠话语，即在当前说话人的话轮进行当中，另一说话人的话语插入，和话轮中的话语形成重叠。当前话轮的加入处用"["表示，结束处用"]"表示。

=　表示紧随话语，指的是前后两个话语之间没有空隙，后面的话语紧跟前一个话语。有两种情况：一是连接同一个说话人的话语，由于篇幅限制，同一个说话人的话语中有重叠话语且不止一处，那么就用此符号表示话语之间没有空隙；二是连接不同说话人的话语，表示话语之间没有空隙。

---

①　参见于国栋. 会话分析［M］. 上海：上海外语教育出版社，2008：19-22.

:　表示符号前的语音的延长，每增加一个冒号，就表示多延长一拍。

（·）　表示0.2秒以内的瞬时停顿。

（0.0）　表示话语内部以及话语之间的空当，表达单位是1/10秒，而且放在单括号内，大于0.2秒才使用。话语内部的空当放在话语内部，话轮之间的空当单独占一行。

。　表示降调，不一定出现在句子的末尾。

，　表示平稳、继续的语气。

?　表示升调。

!　表示活泼的语调。

–　表示话语突然停止。

↑　表示语调突然升高。

↓　表示语调突然降低。

（（））　双括号内的内容表示伴随动作或声音。

（hehe）　表示笑声，放在括号内。

hh　表示呼气音。

（hh）　表示吸气音。

→　表示需要读者注意的部分。

……　表示话语内部省略，如果纵向排列则表示话轮的省略。

____　表示语音加强和重读音节。

°　表示语音减弱和轻读音节，用在音节后。

>……<　表示速度较快的话语。

<……>　表示速度较慢的话语。

（……）　表示根本听不清的话语。

（××）　表示听不清的字。

（　）　表示听不清，好像如此的话语。

ABC 大写英文　表示有意隐去的姓名，每个大写英文符号对应一个汉字。

###　表示有意隐去的其他信息。每个符号对应一个汉字或数字。

C 和 R 前面的阿拉伯数字不是表示行数，而是表示话轮数。我们根据话轮的定义，可以基本判断只要交际双方发出话语，就标记为一个话轮，当然这里涉及重叠话语、沉默等属不属于话轮的问题，由于这一问题并不是本书讨论的重点，我们将它做简化处理，重叠话语和话轮间的沉默暂且记作一个话轮，话轮内的沉默不记。例子的标注用 Extract 加阿拉伯数字，简写为 E，阿拉伯数字分为两部分，用"–"隔开，前面一个数字标注例子出现的章节数，后一个数字标注在该章节中的序号。在我们的语料中，R 是同一个人，C 是与 R 具有不同关系的人，所以只标注语料来源的标签，语料来源时间等其他信息已经在表 1–1 中列出，故不再重复标注。电话会话的转写成品请参考下节中的例子。

1.5　研究框架的确立

1.5.1　语料结构

电话会话一般分为机构性会话和日常会话。机构性会话的界定主要是看交际者是否以某一机构的身份来进行谈话，而不是取决于谈话的方式。在我们搜集的语料中，最突出的一类机构性会话就是保险推销和商业邀请，其次是教师与学生之间的会话。我们主要的研究对象是这两类，其他的电话会话作为参考和对照。

我们搜集到的语料都是打入类电话，从交际目的上看，打电话的人都对接电话的人有一定的需求（want），特别是保险推销和商业邀请，会话的意图十分明显，就是想要对方接受自己的要求。这些机构性会话都有一个整体的结构，是由不同的阶段（phase）或活动（activity）构成的，而且这些阶段和活动都有特定的顺序，这些顺序一般不可颠倒。不同的机构性会话有不同的结构特征，比如医患之间的机构性会话，拜恩和朗（Byrne P. S. & Long B.，1976）把医生的诊疗分成六个阶段：①与就医者建立医患关系（relating to the patient）；②发现就医原因（discovering the reason for attendance）；③进行口头询问或同时进行口头询问与身体检查（conducting a verbal or physical examination or both）；④思考病人的状况（consideration of the patient's condition）；⑤说明处置情况或建议进一步检查（detailing treatment or further investigation）；⑥结束检查（terminating）。韦恩和齐木曼（Whalen M. R. & Zimmerman D. H.，1984）通过对打给 911 的电话语料进行分析，总结出紧急呼叫电话的总体结构，分为五个阶段，对应五种活动，分别是：①开始（opening）；②要求（request）；③询问系列（interrogative series）；④回应（response）；⑤结束（closing）。我们通过对机构性会话的语料进行分析，总结出了下面这样一个结构特征表（见表 1－3）：

表 1－3　本书语料中机构性会话的结构

阶段	活动
1	开始
2	询问系列
3	回应
4	要求
5	提供
6	结束

在这个会话结构中，阶段 4 和阶段 5 并不是必需的，因为如果询问得到的是与打电话人预期相反的答案，则阶段 4 和阶段 5 就不一定出现。我们试对比以下三个会话：

表 1 – 4　E1 – 1（NSSY）

阶段	活动	内容
1	开始	01 C：（（铃声）） 02 R：（（接通）） 03 C：L 小姐，你好。 04 R：你好。 05 C：我是水荫路这边办理那个汽车年审的，我姓邓的。 06 R：哦。=
2	询问系列	07 C：=宝来的那个车都要办个年审了，安排什么时候过来办个年审呢? 08 R：我已经办完啦。
3	回应	09 C：哦。办啦，是吧， 10 R：嗯。
4	要求	——
5	提供	——
6	结束	11 C：那可以，不打扰啦，Byebye。

表 1 – 5　E1 – 2（BXYG2）

阶段	活动	内容
1	开始	01 C：（（铃声）） 02 R：（（接通）） 03 C：哎，喂，您好。 04 R：哎，你好。 05 C：哎，嗯，你好，女士，打扰您一下。 06 R：嗯啊。 07 C：我这里是阳光保险。 08 R：啊，好。 09 C：我这边是阳光电话车险的给您来电。 10 R：哎，哎。 11 C：上次我联系过您的。 12 R：哎，对。

（续上表）

阶段	活动	内容
2	询问系列	13 C：然后您说您今年买保险要和您爱人商量商量。 14 R：啊。 15 C：对吧。= 16 R：=对，对对。，但是我爱人不听我的那个那什么建议，他已经自己定主张了，这个°。 17 C：啊。 18 R：对。
3	回应	19 C：啊？您说什么？ 20 R：<u>我是说</u>：他没有听我的建议，他自己定了<u>主张</u>：，哎，他自己买啦，对。 22 C：哦。 23 R：他跟朋友一起买啦。(0.3) 对。 24 C：哦，那他今年是在哪家保险公司保的呀？ 25 R：嗯：：：，哎哟，好像应该还是在太平洋吧。 26 C：哦，太平洋的，是吧。 27 R：好像是。 28 C：哦：：。 29 R：啊。 30 C：(今天由于 -) 太平洋你们保的应该也是一个全面的险种对吧。 31 R：应该是，呃，对。 32 C：哦：：：，哦，那好的吧。既然您这边（·）您先生这边，您已经定下来啦。 33 R：啊，对对。 34 C：我这边也不打扰您啦。 35 R：哎，好。
4	要求	——
5	提供	36 C：不过也没关系，咱们哇，就像阳光这边没有您的（·）女士，这边（红色°）（·），小杨也希望您，您这边有车险方面咨询我的。 37 R：啊，好。= 38 C：您可以咨询我的，你可以拨打我的这一个电话的。 39 R：哎，好的，行。 40 C：哦，[好的。] 41 R：[谢谢你哈。]

（续上表）

阶段	活动	内容
6	结束	42 C：啊，好的。= 43 R：=哎，好的。= 44 C：=好的= 45 R：=嗯，谢谢= 46 C：=Byebye= 47 R：=Byebye。嗯，好的= 48 C：=Byebye 49 R：Byebye。

表1-6　E1-3（4STM1）

阶段	活动	内容
1	开始	01 C：（（（铃声））） 02 R：（（（接通））） 03 C：喂？您好！请问是L小姐吗？ 04 R：啊。你好，我是。 05 C：你好，L小姐，我这边是##大众4S店这边的T小姐，你好。 06 R：啊（·）你好，T小姐。 07 C：啊°，L小姐， 08 R：对。
2	询问系列	09 C：就是之前也就有跟您那边打过电话，就说您那边那一辆###ZL的（·）那辆宝来车子的保险到期了= 11 R：=嗯，对。 12　（0.3）
3	回应	13 C：[嗯::°] 14 R：[嗯，对。] 15　（0.2）
4	要求	16 C：什么时候有空过来这边办理呀？ 17 R：我们打算下个星期。 18 C：下个星期呀？ 19　（0.2） 20 R：我看：[下星期还－] 21 C：[我看这样子] 22 R：呃::=

（续上表）

阶段	活动	内容
4	要求	23 C：=星期六还是星期天？还是什么时候？ 24 R：呃：，可能还要一周，因为下一周的话（·）↑反正要是去的话就是下周六喽，如果下周六不去的话，那就是，可能就是再下一周了。 25 C：哦，一般就是星期六星期天比较有空。= 26 R：=对对［对，］ 27 C：［好的。］ 28 R：只有周末，平时（·）没办法的了。 29 C：哦：：，那没关系。 30 R：哦。
5	提供	31 C：那你的（·）你应该有我电话号码吧？（hehehe°） 32 R：嗯，我有，我有。= 33 C：=（你有）。 34 R：你平时周六在吗？ 35 C：我平时都有在。 36 R：呃，都有在的话啊，那行。= 37 C：=那你到时候过来的话就先给我打一个电话吧：，= 　　　=［好吧？］ 38 R：=［行：。］呃，行，没问题，没问题，可以［可以。］
6	结束	39 C：［那就］你过来的话再见面啦？ 40　　（0.5） 41 C：啊，好吧，L 小姐， 42 R：啊，好，好好。可以可以。 43 C：Bye［bye！］ 44 R：［Bye］bye。

在我们的语料中，每一个阶段包含的内容大体相同，保证了语料的同质性。然而如果想要寻找差异，只看整体结构是不够的，我们还需要结合交流步骤的功能对语料内容进行整合，从系统功能的角度去进行构建，从而进一步确定具体的研究内容，再运用对比方法去显现调节人际距离的语言手段。

1.5.2　人际距离倾向的判定

我们认为，在电话会话过程中，结合语料，可以从以下三个角度来观察人际距离的倾向：

（1）静态人际距离。人际距离是人的心理空间的反映，我们把它细化为上中下、内外两个子空间，人们是在这个空间里调节人际距离的。为了更直观地反映人际关系的变化，我们建立了一个坐标体系，可以将交际双方放在不同位置（见图1-3）。

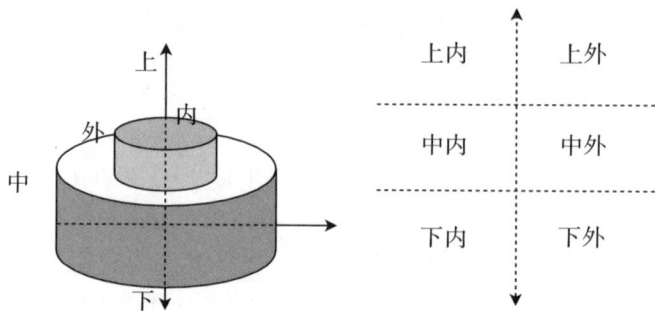

图1-3　人际距离的立体图与示意图

由于我们研究的对象是汉语，因此反映的文化体系也是汉文化。在汉文化中，向来讲究长幼有序、亲疏有分、内外有别。因此，我们把人际距离细化为一定的参数：①上下关系：家庭、地位、权势、年龄或辈分、职业、职务或学位；②平等关系：夫妻、恋人、同学、同事、朋友、陌生人；③亲疏关系：亲密、熟识、陌生；④倾向：维持、相近、相离。我们运用社会文化分析法，先对语料中的人际距离情况做简要分析，根据图1-3可以得出语料所反映的人际距离情况表（见表1-2）。参数化的好处是便于从静态人际距离结合交际目的和交际内容去推测动态人际距离倾向，便于寻找对应的语言项目，利于我们寻找规律。

（2）会话和谐程度。和谐程度主要指的是交际双方在会话过程中对社会、文化规则的遵守。西方学者认为，会话也是一种契约，交际双方都有责任和义务使交际活动进行。一个会话活动能否顺利进行，很大程度上取决于交际双方的合作态度。从中国人际交往传统来看，总的原则是和谐。因此，交际双方会尽量遵循会话过程中的合作原则或者礼貌原则。这些原则的使用在客观上有维护双方面子、维系或拉近双方人际距离的倾向。在汉文化中，尊敬、谦逊、友善是和谐的具体表现，也是中国"礼"文化的要求。会话和谐的程度在很大程度上还受制于个人素质和社会文化背景。在我们的语料中，大部分的交际者都具有较高的文化水平和修养，因此，会话过程中的合作原则或礼貌原则是对交际者会话态度的反映，也是对双方人际距离倾向的反映。

（3）会话介入程度。会话的顺利进行离不开交际双方的积极介入。介入程度的高低可以从交际者对话语的控制、反馈等行为进行观察。高介入式的交际者会对话题与内容进行积极的控制，构建双方共有的知识背景，从而达到交际目的。在反馈行为上，使用高度支持性反馈对会话的开展有积极的构建作用，同样表明交际者对会话的介入程度。会话中双方提供的信息的充分程度有赖于双方的背景知识，而对这些背景知识的共享态度决定了双方人际距离的倾向。

1.5.3 论文框架

我们参照人际距离的判定标准，结合会话交谈的步骤和这些步骤的具体交际功能，将本书的研究对象归纳为四个系统：身份确认系统、礼貌系统、话题控制系统、反馈系统。每个系统当中都包含若干序列或项目。

本书的整体结构框架如下：

第 1 章是绪论部分。这一部分主要对本书研究课题的缘起、人际距离的概念和研究概况、会话分析的研究概况等进行了归纳和梳理，并在此基础上，确立了本书的研究思路和框架。

第 2 章是身份确认系统。谈话开始部分完成的活动主要是回应和确定身份。这两个活动使 C 和 R 建立了联系，为后面的交际活动做好了铺垫。对电话的回应方式可以看出 R 对 C 的推测，预估双方的人际距离。从问候过程中使用的称呼语形式，可以看出 C 或 R 对彼此的静态的人际距离的构建和调节。在语料中，身份的确定通常是由 C 来完成的，这也是最终完成 R 对 C 的推测，明确确定交际活动开始部分的人际距离的重要步骤，因此，我们将身份确认系统作为本书主体结构的第一部分。

第 3 章是礼貌系统。礼貌是会话和谐程度的重要体现。在整个会话过程中，礼貌策略可以出现在会话的不同部分，但以会话的开头和结尾部分最为明显。对受到汉文化影响的交际者来说，问候和道别能够明显地拉近交际者之间的距离，使交际活动的氛围和谐。特别是从使用的问候语形式以及出现的情况、结束语的使用和结束的结构序列等方面可以看出会话的人际距离倾向的差异。

第 4 章是话题控制系统。对话题的类型和进度的控制反映出交际者对话题的介入程度以及与听话人之间的距离，通过构建双方共有的知识背景的态度，可以看出交际者调节人际距离倾向的努力。主要通过以下几个方面展开：①话题导入阶段的方式差异；②话题保持阶段的话题控制差异；③话题类型转换的控制；④话题的结束部分的提问形式。

第 5 章是反馈系统。反馈系统主要通过反馈项目来观察交际双方的参与度和调节人际距离的倾向。反馈可以分为支持性反馈和非支持性反馈。语料中出现的都是支持性反馈。支持性反馈还可以按照程度分为一般支持性反馈和高度支持性反馈。这些反馈项目的使用差异体现出不同的人际距离倾向。

第6章结语部分主要回顾了本书的研究成果和主要观点，对本书创新及不足之处进行了总结，同时也提出了今后努力的方向。

1.6 研究价值

本书是从会话层面入手，对语言调节人际距离的具体功能和形式进行分析的实证研究。本研究的价值主要体现在：

（1）将系统功能观和会话分析的结构观相结合，形成了"功能—形式"的分析思路。语言的功能和具体形式之间并不存在——对应的关系，当语言学研究的视角转向交际的单位——会话的时候，就需要从会话的组织结构层面结合不同的具体功能来探究这一功能的言语手段的形式。

（2）是对语言的具体应用功能的研究。在言语使用过程中，语言体现出各种各样的具体的应用功能。调节人际距离是语言的一项具体的应用功能，它依附在言语行为中，协助言语行为的实现。我们通过对非面对面的电话会话进行分析，去探讨实现这一功能的言语手段。

（3）从会话层面扩展了实现语言功能的言语手段范围。一般意义上的言语手段通常只局限于语法结构层，如词、短语和句子，而对会话结构层面的关注较少，如序列结构、组织结构等。同时，在会话层面，词、短语或句子获得的会话意义可以丰富语法意义。

（4）是基于自然语料的实证研究。语言研究过程中的理论构建和演绎固然十分重要，但是如果脱离了具体的语言实践必然是无水之源、无本之木。因此自然语料的搜集整理和分析研究是我们研究的重要基础。我们的分析和归纳也正是在语料的基础上展开的。研究材料全部来源于现实生活录音，真实语言保证了研究的可靠，也为今后大型语料库的创建打下了基础。同时，也为理论语言学的研究提供了真实语料，弥补了内省语料的不足。

（5）对语言应用有重要的借鉴和参考价值。谢哥洛夫（2002）认为，要区别会话分析的两种不同的文化研究——本土文化研究和对比文化研究。我们需要大量的第一种类型的文化研究，在此基础上，才能进行第二种类型的文化研究。本书正是第一种典型的本土文化研究，为今后的对比文化研究打下了基础。

第 2 章　身份确认系统

2.1　身份确认系统概述

在口语交际过程中，身份的确认是至关重要的一个环节，对交际能否顺利进行起着决定性作用。谢哥洛夫（1986）认为，在会话互动中，几乎每样事物都会对交际者产生影响，交际者会将事物分门别类。所以，交际者在会话开始的部分，需要确认彼此之间的人际距离，而确认对方的身份是至关重要的一步。因为电话会话缺少视觉交流，所以这一步不可省略。这是交际者建立对话者形象的关键步骤。

交际者的身份构建分为自我的身份构建和对方的身份构建。一般来说，身份构建有两种途径，一种是通过声音来辨识，另一种是通过称呼或者自我介绍来确认。从电话会话开始部分的序列上看，通常包含两个序列，一个是呼叫—应答序列，另一个是身份确认序列。如果这两个序列仍不足以完成身份的构建，那么就需要进行身份补足序列来作为身份确认的延续。从功能上看，这三个序列构成了身份确认系统。在不同的人际距离和交际目的的驱使下，具体体现身份系统的话语结构和形式都有所不同。

2.2　呼叫—应答序列

2.2.1　铃声呼叫—应答

对电话会话开始部分的研究是会话分析研究者们关注的重点，也是最容易发现不同国家的电话规律和特征的部分。萨克斯和谢哥洛夫是研究电话会话的先驱，他们认为电话会话具有序列性。谢哥洛夫将电话会话开始部分分为四个核心序列，分别是呼叫—应答序列、身份识别—确认序列、打招呼序列和问候序列。谢哥洛夫的研究表明电话会话实际上是从电话铃声开始的，电话铃声与其后的回答构成了一个呼叫—应答对子。因此，接电话的人（R）第一次发出的"喂"或者类似的回应并不是用来打招呼的，而是对电话铃声发出的召唤的回应，并且接电话的人除了回应召唤以外，还通过自己的声音片段让打电话的人（C）来判断接电话的人是谁。

通常情况下，人们总是用"喂"作为电话会话的开头，就像英语中用"Hello"一样。但有时候，由于电话会话的特征，电话交际者总是随不同的情境而改变他们的说话方式。其中人际距离的不同是重要的影响因素。目前对汉语电话会话进行研究的成果极少，仅局限于研究电话会话开始部分的结构和基本规律。

谢哥洛夫（1968）通过对比电话会话和日常会话的开头方式，认为在日常生活中，我们往往用称呼或者礼貌性话语，或者只是身体语言来引起他人的注意，因为提问—回答是一个标准的交换，呼叫就是要引起注意，铃声只是电话会话中引起对方注意的形式，所以接电话的人听到铃声，首先发话，做出的应答是对铃声的回应，而并非对打电话的人的呼叫。

E2 – 1（XSCL）

01 C：S→（（铃声））

02 R：A→（（接通））喂？

03 C：喂？请问是 LLF 老师吗？

04 R：啊，我是。

05 C：呃，老师你好，呃::我是蓝点文学社采编部的副部长 CL 哦。

06 R：啊。

在 E2 – 1 中，我们看到，R 先对铃声进行回应，01 和 02 构成一个最基本的铃声呼叫—应答相邻对。呼叫—应答序列具有非终结性，也就是说，这个序列不可能出现在会话的尾部。在谢哥洛夫的研究中，绝大多数的电话都是 R 先回应的，而且 R 回应后，C 就成了提问者，掌握了话语主动权。这是一个理想状态下的电话会话的开头，但是我们在语料中发现，理想状态的开头并不是常态，更多的是它的变化形式，主要有两种，一是第一轮的呼叫—应答结束后，并未直接进入身份确认序列，而是启动了第二轮的言语呼叫—应答；二是第一轮的呼叫应答不成功，即 R 并未对铃声做出应答，也会进入第二轮的言语呼叫—应答。

2.2.2　言语呼叫—应答

E2 – 2（BXPA）

01 C：（（铃声））

02 R：（（接通））喂::?

03　　→（1s）

04 C：F→喂？

05 　　　→（1s）

06 R：S→喂？哪里？

07 C：哎，喂，您好，请问是 L 小姐吗？

08 R：啊。

在 R 回应铃声之后，C 停顿了两秒，03 这个空当的出现，不禁让 R 在猜测对方的身份，因此在 C 发出"喂"之后，R 通过声音仍在猜测，但以失败告终，因此在回应之前也出现了沉默的空当。在 06 回应的话轮中，R 使用了"哪里"来暗示自己的猜测不成功，希望对方能够提供相关信息。之所以会出现 R 对空当的犹豫，是因为这种猜测游戏经常发生在熟识的人之间，而非陌生人。我们来对照下面的例子，这是和 R 熟识的学生打来的电话的开头部分。

　　　E2 - 3（XSWMQ）

01 C：（（铃声））

02 R：（（接通））喂？

03 　　　→（0.5）

04 R：F→喂？

05 C：S→喂。

06 　　　→（1s）

07 C：芳姐。

08 R：hehehe

E2 - 2 和 E2 - 3 的 03～06，结构相似，都由空当和第二轮呼叫—应答组成。我们发现沉默的出现都有一种"猜猜我是谁"的意味，因此，才会出现第二轮呼叫—应答。但在 E2 - 2 中，C 的这种策略显然是不合适的。

作为陌生人的 C，在接通电话后，如果 R 没有立即应答，往往会先开口，进行言语形式的呼叫—应答，之后再通过提问—回答来启动身份确认序列。

　　　E2 - 4（XSWM）

01 C：（（铃声））

02 R：（（接通））

03 C：F→喂？

04 R：S→喂？

05 C：请问是不是 LLF 老师呀？

06 R：哦。我是。

07 C：我是蓝点文学社采编部的部长。

08 R：嗯。

E2-4 反映的是一种 C 抢先呼叫的基本形式，因为在电话接通后，R 没有及时作出应答，C 用"喂"来继续判断电话另一端是否有应答对象。这时形成了一轮由"喂"构成的言语呼叫——应答。而出于拉近人际距离和礼貌的考虑，陌生人 C 在这种情况下，更多采用的是紧缩形式。主要有两种，一种是"喂+你（您）好"，如 E2-5；另一种是"喂+你好+身份确认"，如 E2-6。

E2-5（BXYG1）

01 C：（（铃声））

02 R：（（接通））

03 C：→哎喂？你好？

04 R：哎，你好。

E2-6（BXTP）

01 C：（（铃声））

02 R：（（接通））

03 C：→喂？你好？请问是 LLF 刘小姐吗？

04 R：哎，嗯，你好。

如果 C 是熟识的人，并且在接通电话后先开口的话，C 会直接使用紧缩式，如 E2-7、E2-8。

E2-7（XSWX）

01 C：（（铃声））

02 R：（（接通））

03 C：→喂，老师你好。

04 R：你好。

E2-8（TSQ）

01 C：（（（铃声）））

02 R：（（接通））

03 C：→喂？刘老师您好！

04 R：您好！

我们认为，基本形式和紧缩形式还反映了会话的节奏感，E2-4 的节奏感明显比 E2-5 和 E2-6 慢，在相同的有效信息量的情况下，虽然 C 和 R 交流的话轮转换频度高，但每个话轮所包含的信息量少。因此，话轮的转换频度在呼叫—应答部分并不是越高越好，话轮的信息有效性才是拉近距离的决定性因素。因为 C 从陌生人到成为 R 的会话对象，实际上是从隐形的远距离到浮现的近距离的过程。这一过程实现得越快，越有利于 C 拉近与 R 之间的人际距离的倾向，有利于快速进入话题。因此在 E2 - 2 中，我们看到 C 虽然在呼叫—应答序列显得拖沓，但在 07 启动话轮中，TCU 有四个，分别完成了应答、打招呼、问候、身份确认等功能，为后面会话的顺利进行奠定了基础。

2.2.3 小　结

根据语料，我们对第一轮呼叫—应答成功与不成功的情况分别进行了梳理，见表 2 - 1 和表 2 - 2。

表 2 - 1　第一轮呼叫不成功的情况下，C 采用的形式

TCU	使用者		
喂	BXLL3　BXLL4	XSWM	
你（您）好	4STM2		
喂 + 身份确认	BXLL1　BXLL2　BXLL5	XSWF　XSHYP	TSZ　TSJ
喂 + 你（您）好	BXYG1　BXYG2　YQNF		
你（您）好 + 身份确认	NSSY		
喂 + 你（您）好 + 身份确认	4STM1　4STM3　BXTP　NSJD1 NSJD2	XSWX	TSQ

表 2 - 2　第一轮呼叫成功的情况下，C 采用的形式

TCU	使用者			
喂	BXPA	XSWMQ		
身份确认	XSWBS3			
喂 + 你（您）好	TQTP	XSWBS5		
喂 + 身份确认		XSCL XSHYP XSWF XSYH	TSC1 TSF	SMLY BABA1 BABA2

（续上表）

TCU	使用者			
喂＋身份确认＋你（您）好	BXPD YQFY YQJJ	XSLYP XSWX XSWBS1 XSWBS2		
喂＋身份确认＋你（您）好＋身份构建	YQMR	XSWBS4		

对照表 2-1 和表 2-2，我们发现：

（1）无论呼叫成功与否，最常用的两种呼叫形式是"喂＋身份确认"和"喂＋身份确认＋你（您）好"，后者中的后两项顺序可以互换。这两种形式是机构性会话中使用频率最高的。从信息量来看，这两种形式的信息量适中，由两到三个 TCU 构成，是陌生关系或上下关系中普遍的确认人际距离的方式。这两种形式的差异不是很大，主要在于问候语是否出现。从节奏上看，三个 TCU 的形式要略快于两个 TCU 的形式，因此，我们认为在一个话轮中，实现各项功能的 TCU 出现的数量越多，节奏越紧密，拉近双方人际距离的倾向也越明显。

（2）其他形式都是在常见形式基础上的变化，可以简化，也可以紧缩。从表中反映的情况来看，简化形式和紧缩形式的选择与交际者的静态人际距离关系不大，更多地反映的是 C 的节奏倾向，或者说会话开始阶段 C 的会话投入状态。值得注意的是包含四个 TCU 的"喂＋身份确认＋你（您）好＋身份构建"。XSWBS 由于已经和 R 交谈过多次，因此为了直接进入话题而采取大信息量的话轮结构，而陌生人 YQMR 为了拉近与 R 的距离，也采取了这一结构。而两个 TCU 构成的"喂＋身份确认"更多地使用在熟识的人之间，所以 BXLL 在与 R 的会话中，有意识地使用了这种手段。

（3）呼叫不成功的电话多数集中在陌生人的来电，而呼叫成功的电话多集中在熟识关系的来电。这里需要对 R 回应铃声的情况进行说明。在目前的通讯条件下，手机通话都带有来电显示功能，可以帮助 R 预测 C 的身份。同时在语料搜集过程中，由于 R 习惯使用免提功能进行通话，而免提功能在电话接通后才能打开，整个过程大约有 2 秒的时间，因此较一般电话接通后发出"喂"的时间略长。同时，对陌生电话号码的犹豫和猜测也在无形之中造成了 R 在回应铃声上的延宕。另外，C 等待 R 的回应也反映出 C 在交际中对人际距离的遵守。当 C 为学生时，C 与身为教师的 R 形成上下关系。在中国传统文化中，处于下位的在时间等待上要有一定的耐心，所以大多数学生打入的电话都成功实现了第一轮 R 对铃声的应答。当 C 为代表推销机构的陌生人时，C 与 R 之间是相对平等的业务关系，所以不必刻意等待 R 的回应，同时 C 由于目的驱动，急切希望能够得到 R 的回应，所以当 R 的回应略长，超出了 C 的预期的时候，C 会立即启动呼叫序列中的 FPP，而 R 则被迫进入这一轮的 SPP，所以在陌生机构来电中就出现了大量的第一轮 R 的应答不成功的情况。

2.3　身份确认序列

2.3.1　概述

在 E2 - 1 中，我们看到，03 和 04 构成提问—回答相邻对，05 和 06 构成陈述—确认相邻对，这两个相邻对就是我们要讨论的身份确认序列。身份确认序列一般由这两个相邻对构成，提问—回答相邻对用来构建 R 的身份，陈述—确认相邻对用来构建 C 的身份，如果这两个相邻对无法完成身份的确认，那么就会在此基础上进行扩展。

我们先来看看这两个序列存现的情况。这里需要说明的是，现在的通讯十分发达，手机都有来电显示功能，因此当熟悉的号码出现时，作为回应铃声的 R，对对方身份已经形成了一定的预测，同时，在铃声呼叫—应答过程中，尽管 R 没有及时应答，但由于手机的私密性，C 打电话的对象 R 接电话的可能性最大，因此在亲密或者十分熟识的关系下，这两个序列不一定同时出现，反而会省略。主要有两种情况：

第一种情况，两个序列同时省略。在电话会话中，通过呼叫—应答部分完成身份确认的概率很小，除非是十分亲密的关系。根据语料，我们发现，亲密关系中的丈夫一般通过呼叫—应答就可以完成身份确认，不使用其他手段，仅通过 R 的"喂"即可判定通话对象，然后直接启动话题序列，如 E2 - 9、E2 - 10 所示。在这种情况下，后续的这两个身份确认序列是不存在的。

　　　　E2 - 9（LG1）
01 C：((铃声))
02 R：→ ((接通)) 喂？
03 C：→那个 4S 店有没有打电话来啊？ =
04 R：=没有啊！
　　　　E2 - 10（LG2）
01 C：((铃声))
02 R：((接通))

03 C：→ ［喂？］
04 R：→ ［喂？］
05　　（0.2）
06 C：→你明天有没有预约的？
07 R：有啊，都挂了号啦。

　　第二种情况，两个序列只保留一个。这种情况主要出现在亲密或者熟识关系的人之间。因为身份确认是双方的，要想让 C 和 R 能够同时判定另一方的身份，直接称呼对方是确认会话对象最快捷的方式。称呼的主要功能是确定身份，因此，在呼叫—应答序列之后，称呼的选择成为确定人际距离的一个部分。在我们搜集的语料中，父女关系的身份确认序列保留的是提问—回答序列，话轮的 TCU 构成有两种情况：一是 FPP 是"呼叫 + 称呼"，SPP 是应答；二是 FPP 是"呼叫 + 称呼"，SPP 是"应答 + 启动话题"，如 E2 – 11 和 E2 – 12 所示。

　　　　E2 – 11（BABA2）
01 C：（（铃声））
02 R：（（接通））
03 C：F→哎，小莉？
04 R：S→哎。
　　　　E2 – 12（BABA1）
01 C：（（铃声））
02 R：（（接通））
03 C：F→哎。小莉？
04 R：S→哎，怎么了？

　　而平等关系下的同学和同事则保留的是陈述—确认序列，并且每个相邻对的话轮形式都由两个 TCU 构成，同时出现在相邻的话轮中，FPP 是"呼叫 + 称呼"，SPP 是"应答 + 称呼"，如 E2 – 13 和 E2 – 14 所示。

　　　　E2 – 13（SMLY）
01 C：（（铃声））
02 R：（（接通））
03 C：F→喂？师姐。
04 R：S→哎，LY。

E2 - 14 （TSZ）
01 C：（（（铃声）））
02 R：（（接通））
03 C：F→喂？LF 呀。
04 R：S→哎，Z 老师。

　　我们对这两种情况的判别主要依靠的是语调。在第一种情况中 C 采用的是升调，用来确认对方，带有疑问语气。而在第二种情况中 C 采用的是降调，是肯定语气。所以从序列的形式来看，这两种情况分别属于提问—回答序列和陈述—确认序列。

　　在第二种情况中，我们还看到，身份的确认离不开称呼，称呼能够直接反映人际距离的情况。在 E2 - 11 和 E2 - 12 中，亲密的称呼不仅仅是称呼对方，更是让 R 知晓 C 的身份，从而准确判断人际距离，尽快进入话题。所以我们可以解释为什么 E2 - 12 在应答后，便直接启动了话题的询问。在 E2 - 13 和 E2 - 14 中，交际双方的地位相对平等，但是通过称呼我们可以感知到双方的人际距离的存在，从中我们也可以看出称呼的不对称特征，即交际双方的称呼并不一定是按照关系成对出现的，例如 "师姐—师妹"，C 对 R 称呼 "师姐" 表示礼貌和尊敬，R 对 C 如果称呼 "师妹" 则是一种顺应性选择，但是 R 无法传达出对 C 的身份的确认，有可能被 C 误认为 R 尚未准确判断其身份，从而启动下一轮的身份确认序列。而直呼其名则更能体现出 R 对 C 的身份的确定，表明 C 从 "某一个" 成为 "那一个"，这样也拉近了两人的人际距离。E2 - 14 中，C 对 R 采用了亲昵的称呼，而 R 对 C 仍采用了 "姓 + 老师" 的形式，表明 R 心理上预期和 C 之间的谈话是机构性会话，需要保持一定的人际距离。

　　身份的确认离不开称呼，在《现代汉语词典》中，称呼的解释是：①叫；②当面招呼用的表示彼此关系的名称。而人们由于亲属或其他方面的相互关系，以及身份、职业等而得来的名称叫作称谓[①]。由于称呼和称谓关系密切，所以有时候人们并不刻意区别，即使在语言研究中也存在这样的情况。曹炜（2005）认为两者存在的交叉关系，是人们混用的根源，并对称谓语和称呼语的差异进行了总结。总体来说，称谓语来源于人们的身份、职业等，重在"谓"，也就是对人们在社会生活中所处的位置的定位，具有全体成员的共用性，本质上相对稳定，而称呼语来源于人们面对面地叫，重在"呼"，也就是对人们交际过程中的人际距离的定位，具有个人的随意性，本质上是不稳定

---

①　参见中国社会科学院语言研究所词典编辑室. 现代汉语词典（第 6 版）. 北京：商务印书馆，2014：163.

的，其变化情况取决于语境。因此，描述称呼语的形式变化规律的最好的办法就是图形化（文秋芳，1987；祝畹瑾，1990）。在我们的语料中，由于人际关系并不复杂，并且在下面讨论陌生关系的身份确认模式的过程中，我们将做解释，所以我们在此就不总结称呼语的具体变化形式了。

2.3.2 陌生关系身份确认的形式

2.3.2.1 C 对 R 的确认

作为陌生人的 C 虽然在拨打手机的时候已经对 R 的身份有一定的了解，但为了保证通话对象的准确性，一般都会通过启动提问—回答序列进行确认，然后启动陈述—确认序列完成自己的身份构建。我们先来看在提问—回答序列中 C 是如何对 R 的身份进行确认的。

通过语料，我们看到，在陌生的推销类机构性会话中，出现频率最高的形式是"请问 + 是非问/正反问 + 称呼"，其次是"称呼 +（吧/呀/啊）"（见表 2 - 3）。

表 2 - 3　C 对 R 身份确认的形式

类别	距离	礼貌程度	形式	使用者
第一类	陌生	弱	小姐	BXPD　　YQMR
			女士	BXYG1　　BXYG2
第二类	熟悉程度低	强	请问是 L 小姐吗？	4STM1 4STM3　BXPA BXRS
			请问是 LLF 刘小姐吗？	BXTP　　YQJJ
			请问是 LLF 小姐吗？	YQTP2
			是 L 小姐吗？	NSJD2　YQNF　YQFY
			是 LLF 刘小姐，是吧？	YQTP1
第三类	熟悉程度高	弱	L 小姐吧。	BXLL1
			L 小姐呀。	BXLL2
			L 小姐啊。	BXLL3
			L 小姐	BXLL4　BXLL5　NSJD1 NSSY
第四类	亲密	无	哎	4STM2

从礼貌程度上来看，礼貌程度最高的形式是第二类，最低的是第四类。我们根据称呼语中是否包含 C 的信息，将第一类和第四类的情况归为零形式，第

二类和第三类都是非零形式，根据称呼语伴随的语法形式将非零形式分为疑问形式和肯定形式。我们先看零形式的情况。

E2 – 15（BXYG1）

01 C：((铃声))

02 R：((接通))

03 C：哎喂？你好？

04 R：哎，你好。

05 C：→啊，你好，女士，打扰你一下，>这里是这个阳光电话车险来电，我是 Y（×）芳，是我之前跟您联系过了对吧。<

06 R：嗯，对。

在零形式中，一类情况是 C 对 R 身份的确认只使用了通用性称呼，如小姐、女士。从 R 的角度来看，这种不包含任何 R 的身份信息的形式表明 C 对 R 完全陌生，对其身份、姓氏、职业等一无所知。这种泛尊称，虽然在日常生活中的陌生人交际中使用较多，也是拉近人际距离的一种手段，但是对于非面对面交流的电话会话来讲，这种泛尊称的使用并没有有效地拉近 C 和 R 的距离。因为 C 没有提供有效的信息让 R 对 C 进行对象化。相比较其他类形式来看，C 与 R 的人际距离仍然较远。

E2 – 16（4STM2）

01 C：((铃声))

02 R：((接通))

03 C：→您好！(0.2) 哎。

04 R：呃，您好。

05 C：就是::，呃，我是 T 小姐呀。

06 R：哎，哎。

另一类情况是，由于 C（4STM2）不是第一次和 R 通话，因此，C 误以为 R 能够从来电显示或者"您好"中听出自己的身份，在迟疑之后，发出了亲密关系中才会使用的"哎"来招呼对方，R 的"呃"表明了对 C 的身份的不确定，C 本想问候序列后直接启动话题，但是突然意识到有可能 R 尚未确认自己的身份，因此 05 出现了两个 TCU，前一个是启动话题的突然停止，后一个是 C 对自己身份的构建。这种情况我们认为比较特殊，也是 C 在拉近与 R 的人际距离中较为失败的例子。

较为成功地拉近陌生人之间人际距离的是疑问形式和肯定形式，即第二类和第三类情况。事实上，这两种形式都有拉近人际距离的作用，而且对 R 来说，都是一种被动式的拉近，因为在 R 对 C 还一无所知的时候，C 却已经掌握了一定量的 R 的信息，在 C 看来，R 已经从陌生变成了熟悉，C 需要做的努力是如何传达这种信息，使 R 接纳 C。

非零形式有两类，即肯定形式和疑问形式。

肯定形式中，基本形式是"姓氏＋通用性称呼"。对比师生类的机构性会话里 C 对 R 身份确认的形式来看，我们发现，"姓氏＋职业性称呼"的形式出现的频率最高。这种形式透露出 C 对 R 有一定了解，确定性强，从而说明 C 对 R 的熟悉程度。我们看到 BXLL 是和 R 有过多次通话的业务员，她从一开始就使用这种形式来拉近与 R 之间的距离。所以我们认为虽然从礼貌程度上看，这种形式不是最高，却表明 C 想要与 R 之间达成的距离较第二类情况要更近一些。或者说，尽管 R 还没有确认表态，可 C 已经将自己与 R 视作熟识关系了。

疑问形式较为繁复，"请问＋是非问/正反问＋称呼"，表明 C 对 R 有一定的了解，在称呼上，透露出 C 掌握了一定的 R 的身份信息。从礼貌程度来看，加上"请问"的疑问句更为委婉，是陌生人询问对方时最为礼貌的一种形式。但是使用了疑问形式，在 R 看来，这肯定是陌生来电，目的性很强，至少对自己的身份、姓名等信息有一定的掌握。运用高礼貌程度的形式来进行身份确认，正是 C 试图拉近与 R 之间的人际距离的最大努力。从语用和认知角度看，肯定形式意味着说话人对事物的熟悉和知晓，而疑问形式则意味着说话人对事物的陌生和不确定。疑问句一般是存疑而问，除了有一例是附加问外，其余都是是非问，是存疑程度最高的一类。从说话人的期望来看，也是期望得到回答程度最高的。R 在回答的时候，绝大多数情况下采用的是"表肯定的语气词＋我是"，两种确认形式的重复使用，凸显出 R 对这类问题的强确认意识，以及对 C 打电话目的的期待。所以，从肯定形式到疑问形式，不确定性和礼貌程度都呈现出加大趋向，而 C 对与 R 之间的人际距离的调节力度却缩小了。

2.3.2.2　C 对自身身份的构建

C 对自身身份的构建是通过陈述—确认序列来完成的。在这个相邻对中，C 需要对自己的身份进行表述，使 R 完成对象化的过程。我们先来看一例陌生同事的来电。

E2-17（TSQ）

01 C：(((铃声)))

02 R：((接通))

03 C：喂？L 老师您好。

04 R：您好！

05 C：F→ 我是学工办的 LQ。
06 R：S→哎，L 老师，您好，哎。

在 E2－17 中，05 是陈述，作为 C 对自身身份构建的 FPP，在 06 中得到了 R 的确认，R 对确认身份后的 C 再次进行问候。我们看到，在 FPP 中以肯定句的形式陈述 C 的身份直截了当，部门、姓名等信息足以让 R 清晰构建 C 的形象，为话题的开启和进行做好了准备。但是对于陌生的推销类机构性会话来说，C 代表推销机构，C 的个人形象的建立与否对 R 的影响不可能和熟悉的事物相提并论。语料显示，C 对这一问题的看法的差异导致了 C 在构建自身身份上的差异。我们下面列表说明（见表 2－4）。

表 2－4　C 构建自身身份运用的形式

类别	形式	内容	使用者
1	机构名＋姓名或姓或称呼	我这边是##大众 4S 店这边的 T 小姐	4STM1
		我这边是##的 T 小姐呀	4STM3
		我是中国人寿车险的 LL	BXLL1
		我这边是平安电话车险的高级客服经理，我叫 ZJW，工号是 91101	BXPA
		我这里是中国平安电话车险的，我叫 CY	BXPD
		这里是这个阳光电话车险来电，我是 Y（×）芳	BXYG1
		我是水荫路这边办理那个汽车年审的，我姓邓的	NSSY
		我姓陈嘅，系（×××）致信界你嘅	YQMR
		我这里是广东省商居客服中心给您来电的，我姓贾	YQSY
2	姓名或称呼	我是 T 小姐呀	4STM2
		我是 LL 哦	BXLL2 BXLL3
		LL	BXLL5 BXLL4
3	机构名或地点名＋交际目的	这里是中国人寿财险打给您的	BXRS
		我这边是太平洋车险的	BXTP
		我这里是阳光保险	BXYG2
		我这边是阳光电话车险的给您来电	BXYG2
		哩边系嘉德汽车检测站嘅	NSJD1

（续上表）

类别	形式	内容	使用者
3	机构名或地点名＋交际目的	我们这边是嘉德检测站的	NSJD2
		我地省妇幼嘅	YQFY
		我这边呢是金海马家居客服中心的	YQJJ
		我这里是中国太平洋保险公司经理这边的	YQTP1
		我这边是太平洋客户理财中心致电给您的	YQTP2
		我是广州中山大道这边打过来的，是给你们送美赞臣孕妇奶粉礼品包的	YQNF

从表 2-4 中我们可以看到，用姓名或别人对自己的称呼来构建自身身份的情况很少，因为这是在熟悉关系下才会使用的形式，更多的情况是"机构名"或者"机构名＋姓名或姓或称呼"。这两种形式对于构建 C 和 R 的距离来讲，意义不同。

如果 C 只是报出机构名，指出自己是代表机构与 R 进行电话会话的，事实上就形成了一种不平等的权势距离，在机构和个人之间，一般认为机构拥有更大的权力来控制话题（详见第 4 章），而个人由于知识背景等条件的制约而不得不处于被动地位。作为机构的代表者 C 以机构的口吻来与 R 交谈，无论这个机构是怎样的性质，都会使 R 将其与这一机构的刻板印象联系起来。社会心理学研究表明：对待匿名的、可互换的群体成员，人们易用刻板印象知觉他们，从而忽略了个人的特征。C 正是利用这样的认知策略，将自己的个人身份隐藏起来，便于运用机构权力来控制会话，但难于拉近与 R 之间的人际距离。

有意思的一例是 YQNF，C 并没有报出机构名，而是用"地点名＋交际目的"的形式来试图拉近与 R 的距离，这利用的是人们贪图便宜的社会群体心理。地点名并不是一个有效信息，R 无法从中获知机构的任何信息，C 通过凸显目的来刻意隐藏机构名。社会学家霍曼斯认为社会互动过程中的社会行为是一种商品交换。在人际交往过程中，得到的是报酬，付出的是代价，精神利润就是报酬减去代价，除非双方得利，否则社会互动无法进行下去。良好的人际关系就是在这种动机驱使下建立的[1]，所以交际目的在这里充当了报酬来吸引 R 的注意，从而减弱 R 对机构的关注度。

而"机构名＋姓名或姓或称呼"的形式，使 C 在 R 的脑中除了与一些机构名相联系以外，还建立起了声音的个性化标签，改变了 R 对机构的刻板印

---

[1] 转引自时蓉华. 社会心理学 [M]. 杭州：浙江教育出版社，1998：344.

象。因此，当 C 不断多次与 R 会话的时候，例如 4STM 和 BXLL 的系列谈话，就可以采用熟悉关系下的语言形式建立自身身份。因此，在机构身份之上，用姓名标记个人身份，有利于拉近与 R 之间的人际距离。

在师生类的会话中，学生都会报出机构名或是姓名，使 R 能够有清晰的形象，但是也有例外。

E2 – 18（XSWM）
01C：（（铃声））
02R：（（接通））
03C：喂？
04R：喂？
05C：请问是不是 LLF 老师呀？
06R：哦。我是。
07C：→我是蓝点文学社采编部的部长。
08R：嗯。
09C：之前不是邀请你帮我们就是审那个院庆十周年的征文吗？
10R：对呀。
11C：就是你发过来的那一份：＝
12R：＝我已经发过去啦，我二十九号就发过去啦。

在 E2 – 18 中，C 在并没有报出自己的姓名，而是以机构职务名代替，通过 R 回应的"嗯"，我们感知到这一行为引起了 R 的不快。事实上，作为该机构的指导教师，R 和 C 之间形成了上下级的权势距离，C 用机构职务名构建自身身份，与 R 进行对话，削减了这种权势距离，却增加了陌生程度。再加上启动话题采用了反问句，质询语气强，导致双方的会话气氛并不融洽。

2.3.3　身份确认的补足

一般来说，提问—回答和陈述—确认分别构建了 R 和 C 的身份，之后 C 就可以启动话题，进入和 R 协商的会话过程了。但是，还会有一种例外情况，那就是这两个序列不足以给 R 一个"对象"，对 C 来说，如果不将自己对象化，话题就无法进行和开展。因此，在这种情况下 C 必须进行身份确认的补足。这种补足可以通过两种方式实现：一种是嵌在陈述—确认中，通过陈述相关话题来提醒对方；另一种是在陈述—确认之后进行扩展。我们先来看第一种情况。

E2 – 19（BXPD）

01 C：((铃声))

02 R：((接通))喂?

03 C：喂, 小姐, 你好。

04 R：你好。

05 C：→你好, L 小姐, 我这里是中国平安电话车险的, 我叫 CY, 之前
　　　 的话和您是有过联系的, 您还记得吗?

06 R：哦, 记得, 是有印象, 呃。

在 E2 – 19 中, 05 中 C 在问候和称呼之后, 采用"机构名 + 姓名"的形式构建了自己的身份。但是, 在这个话轮的末尾, 还包含一个话题, 强调 C 和 R 曾有过接触, 以强化 R 对 C 的身份的确认。这也是拉近人际距离的一种手段（参见第 5 章话题控制）。这在熟悉关系的情况下较为多见。

第二种情况的身份确认的补足是通过后扩展的方式来完成的。根据谢哥洛夫（2007）的研究, 在相邻对的前后和中间, 都可以有扩展的部分, 分别称为前扩展（pre-expansion）、中扩展（insert-expansion）和后扩展（post-expansion）（见图 2 – 1）。

　　　　　　　　　　　　　　　　　←前扩展

　　　　　A　FPP

　　　　　　　　　　　　　　　　　←中扩展

　　　　　B　SPP

　　　　　　　　　　　　　　　　　←后扩展

图 2 – 1　相邻对扩展示意图

作为 FPP 的紧密关联, SPP 只要在意义上或行为上具备完成 FPP 的能力即可, 所以 SPP 的形式往往十分灵活和多变。如果 FPP 是一个关于态度、事物的询问、命令或建议等, 那么 SPP 有可能并不是直接回答或直接接纳, 而是以对立面的意义出现, 比如反问或者发出相反的指令等, 这种情况就是对立（counters）。

E2 – 20（XSWBS1）

01 C：((铃声))

02 R：((接通))喂?

03 C：喂? 是 LLF 老师吗?

04 R：啊, 你好, 我是。

05 C：F→啊，我是 WBS，你记得那个 CYF 找你做那个，就那个广佛大学
　　　生语言态度调查（·）那个指导老师吗？

06 R：S→哦:::。

07 C：Fagn→老师，你还记得，就科研立项那一个。

08　　（1s）

09 R：Fcnt→科研立项？什么时候的科研立项。

10 C：S→呃:，就二〇一一年四月。

11 R：Fcnt→去年的科研立项，然后做的什么项目？

12 C：S→呃，就是一个语言态度的调查，具体名字是（·）广佛大学生
　　　语言使用及语言态度调查。

13　　（2s）

14 R：Fcnt→有这个吗？

15 C：S→（hehehe）

16 R：SCT →呃，等等，我查一下。呃，你，你，现在是什么事情。

在 E2-20 中，我们看到 05 中有三个 TCU，05a、05b 和 05c，05a "啊"
是表示话语起始的语气词，05b "我是 WBS" 是 C 身份的构建，05c "你记
得……" 是身份确认补足信息的起始部分。其中 05b 和 05c 都要求 R 进行确
认，但是 06 表明，R 只对 05b 进行了确认，而没有对 05c 确认，因此 C 只得
再次启动话轮，请求 R 做出回应。R 却没有直接回应 C 的请求，而是以反问
形式构建了 07 的对立，并将这一对立进行分解，分别在 09、11、14 对时间、
名称、确定性进行询问和质疑，要求 C 来做出回答。C 分别在 10、12 进行了
回答，而对有无的质疑，为了避免形成冲突，拉大与 R 的人际距离，C 采取了
回避策略，用笑声来礼貌地回应 R 的质疑。因此 R 也意识到自己的话伤害了 C
的面子，所以采用 SCT 来进行补救，并启动了话题。

后扩展序列主要是对身份确认中信息不足的情况进行补足。补足方式通常
是引入其他相关话题来引起 R 的联想。作为拨打电话方，C 有义务使 R 明晰
且构建 C 的身份，因此，C 采取了对相关话题唤醒的方式要求 R 将 C 与其脑
中类别项目进行联系。当第一次补足失败时，C 采取了重复手段来继续要求
R，R 在无法达成目标的情况下，连续采取了对话题中某一内容的多个对立形
式，使 C 不断补足相关话题的信息，从而建立与 C 之间的关联。从交际效果
即话轮 16 来看，C 的努力只取得了部分成功。

2.4 小 结

身份确认系统中，话语最重要的作用和功能是构建身份，确认双方的人际距离。本章主要对电话会话开头部分中，C 和 R 的身份构建进行了分析。研究表明，作为陌生的机构代表的 C 会在身份确认过程中试图拉近与 R 的人际距离，在构建身份时，多以与 R 心理感知较近的形式来体现。具体使用的手段表现在话轮的外部结构和内部结构两方面。

从话轮的外部结构来看，呼叫—应答序列和身份确认序列是陌生关系下必须出现的序列结构。在铃声应答不成功的情况下，积极使用言语呼叫序列是 C 与 R 缩小人际距离，尽快建立会话联系的有效手段。在身份确认序列无法完成身份确认的时候，对这一序列的补足就显得尤为重要。补足的方式一般是通过对身份确认序列中的信息进行延伸来完成的。

从话轮的内部结构来看，C 拉近与 R 之间的人际距离的手段体现在三方面：一是话轮的内部信息量，C 在身份构建话轮中提供的有效信息量的多寡是实现 R 对 C 的身份构建的关键因素，信息量越大，R 对 C 的身份认知就越清晰，越有利于双方人际距离的构建；二是身份构建话轮内部的 TCU 的简化形式和紧缩形式反映出 C 对会话的投入程度，显示出 C 对调节人际距离的倾向；三是 C 对 R 的称呼在话轮中出现的两种伴随形式，疑问形式和肯定形式在表达熟识程度和礼貌程度上呈现反比，这两种形式都有利于产生拉近双方人际距离的倾向，从信息传递的角度看，肯定形式的调节力度较大。

总的看来，身份确认系统中话轮的结构差异是体现人际距离倾向的主要手段。

第 3 章　礼貌系统

3.1　礼貌系统概述

作为一种社会文化的规则，人在社会交际中要讲究礼貌。言语交际是一种合作性的互动过程，也是人际距离的一种调节过程。礼貌是其中的润滑剂，它对会话双方顺利进行交际、实现交际目的起着重要的作用，因此社会语言学、语用学、交际学都对它十分重视。礼貌原则也就应运而生。对礼貌和语言运用之间的探讨，很多学者提出了见解，影响最大的是利奇（Leech G. N.，1983）提出的"礼貌原则"。他在讨论交际中语言形式的有效使用时，将语用原则分为人际修辞（interpersonal rhetoric）和语篇修辞（textual rhetoric），其中合作原则和礼貌原则属于人际修辞，作用于交际中的人际关系（冉永平，2002）。合作原则保证了交际的顺利进行，礼貌原则能够维系、调节交际双方的人际距离。礼貌原则的内容，首推利奇提出的六条原则：①策略准则（tact maxim）；②慷慨准则（generosity maxim）；③赞扬准则（approbation maxim）；④谦逊准则（modesty maxim）；⑤一致准则（agreement maxim）；⑥同情准则（sympathy maxim）。顾曰国（1992）认为，利奇提出的原则是基于英国英语的，不同文化中礼貌原则的内容不尽相同。他提出的适用于中国文化背景的礼貌原则有：①贬己尊人准则；②称呼准则；③文雅准则；④求同准则；⑤德、言、行准则。

然而在什么样的人际距离下运用礼貌原则，是我们首先需要确定的问题。伍夫森（Wolfson N.，1989）提出了社会交往过程中的膨胀理论（the bulge theory）。该理论通过对美国社会里处于不同社会关系中的人们表达感谢、称赞等言语行为进行研究，指出亲密关系和陌生关系的行为模式十分接近，即较少讲究礼貌，而熟识关系作为中间部分则会较多地选择感谢、称赞等礼貌行为来维系彼此的人际关系。这一理论在汉语的问候语中也有体现（李田新，2006）。这一情况在我们的语料中也有所体现。我们看下面三例：

E3 –1（BABA2）
01 C：（（铃声））

02 R：((接通))

03 C：哎，小莉？

04 R：哎。

05 C：你焖上米饭吧先。

06 R：对呀，已经焖上啦。

07 C：哦，好的。我回去炒菜。

08 R：好的，嗯。

09 C：马上就到了啊。

10 R：好的，好的。呃。

11 C：呃。

      E3－2（LG2）

01 C：((铃声))

02 R：((接通))

03 C：［喂？］

04 R：［喂？］

05   (0.2)

06 C：你明天有没有预约的？

07 R：有啊，都挂了号啦。

08 C：哦，那就行了。

09 R：怎么了？ =

10 C：=啊，那有预约就 OK 了。

11 R：哦。

12 C：哈。(0.3) 啊，啊，啊。=

13 R：=哦。=

14 C：=行啦，没啥事情。

15 R：没事情？

16 C：你在干什么？

17 R：在（·）刚倒了杯水喝。

18 C：哦:，那行啊，好啊。

19 R：嘿!

20 C：嗯，好啊。嗯，Bye 啦!

21 R：嗯。Bye°，嗯。

22 C：嗯°。

      E3－3（KDJD）

01 C：((铃声))

02 R：((接通))

03 C：哎，LLF 是不是？

04 R：哎，是我啊！

05 C：下楼下来拿一下快递来。＝

06 R：＝啊，好的，你稍等一下。我就下来啊。啊°。

07 C：好的。

08 R：嗯，好的。

09 C：Byebye。

　　在 E3－1 和 E3－2 中，处于亲密关系一端的爸爸、丈夫和 R 在会话中基本没有问候语和寒暄语，而道别语也不会使用诸如"再见""打扰了"之类的客套语。在会话进行过程中，基本不会考虑语气是否需要缓和的问题，而是直接提出要求，或者直接回应。E3－3 中，快递员也是陌生的机构性身份，但是由于交际目的的限制，他只要确认 R 在家即可，无须拉近与 R 之间的距离。

　　但是处于陌生关系中的推销员和业务员，为了实现争取客户的目的，必然要讲究礼貌，而且需要运用礼貌来拉近与客户之间的距离，因此，势必要实现由陌生向熟识的快速过渡，或者直接将自己置于熟识关系中来选择相应的语言形式，使 R 被动接受这样的人际距离。我们在第 2 章身份确认系统中，已经讨论过肯定形式和疑问形式涉及的礼貌问题。礼貌原则既然是解释交际中语言运用现象的有力工具，那么在调节人际距离的功能中，礼貌原则是如何制约交际双方的，表现为哪些语言形式和手段呢？这就需要我们在会话中观察交际双方是如何利用礼貌手段来调节人际距离的。本章将侧重于讨论礼貌系统在话语和结构中的显现。

　　礼貌的诸多原则都反映了社会文化对人的交际行为的制约，因此从语言学的角度看礼貌，其含义和形式至少有以下几种：①礼貌是一种客气或文明，可以表现为交际时使用的寒暄语和招呼语；②礼貌是一种友好，可以表现为问候语和道别语；③礼貌还可以是一种策略，使对方感觉到亲近，不把自己的观点强加于人，让对方自己做出选择，可以表现为一些话语标记语（冉永平，2002）。

　　在电话会话中，打电话的陌生人为了能够迅速拉近与接电话人之间的人际距离，通常在电话开端会使用礼貌形式，如问候语或寒暄语，而为了能够将双方的人际距离维系下去，在电话结束部分会使用致歉语或道别语。结束部分通常并不是简单的道别，往往比较复杂。周筱娟（2005）认为礼貌语言的使用受礼貌元制约，礼貌元形成一定的礼貌脚本，比如问候的典型脚本是"你好"，再见的典型脚本是"再见"等。这些形式可以实时构建有效的礼貌互动网络。在电话交际进行的过程中，为了能够体现出自己与接电话人之间的一致性，避免冲突，交际者还常常会使用一些话语标记，如"您看""我跟您说"

等，来缓和语气，以达到调节人际距离的目的。因此本章的主要内容就是在分析语料的基础上，从词语角度包括问候语、道别语和一些能够拉近人际距离的话语标记等，以及结束序列来讨论陌生关系的机构性会话中运用礼貌原则的语言形式和手段。

3.2　问候语

在电话的开端部分，学者们一般认为"喂"是打招呼的，相当于英语中的"Hello"。那么问候语就是问好，最常见的问候语就是"你好"。关于问候（greeting）的研究，西方语言学界以杜冉提（Duranti A.，1997）的研究成果最为系统，主要体现在问候语的判定标准上。他认为，问候通常发生在会话的开始，因此它具有临界性这一特点。问候还意味着交际双方已进入共享的视野。交际双方打招呼示意，对各自进入对方的视野表示认可，虽然不一定完全如此。问候通常采用毗邻对形式，即一方招呼后，另一方会立刻做出回应。由于问候通常是为了表示友善，问候的语义内容往往不是交际双方所感兴趣的。因此问候通常是约定俗成的，较程式化，其内容相对比较容易预测。问候可以被看作一个独立的交际单位，从交际功能上看，则意味着交际主体对交际对象的认可（曲卫国、陈流芳，2001）。在熟识关系下，问候的形式较为开放，但是在陌生关系下，往往体现为固定的、封闭的，其中典型形式之一就是"你好"。

"你好"作为问候语的主要形式，主要传递的是礼貌，构建 C 和 R 之间友好的交际氛围。"你好"之所以成为频繁出现的词语，主要原因是在会话的开端部分，C 和 R 之间没有共有知识背景。我们先看下面的例子。

E3-4（4STM1）

01 C：(((铃声)))

02 R：(((接通)))

03 C：F→ 喂？您好！请问是 L 小姐吗？

04 R：S→ 啊。你好，我是。

05 C：F→ 你好，L 小姐，我这边是##大众 4S 店这边的 T 小姐，你好。

06 R：S→ 啊（·）你好，T 小姐。

07 C：啊，L 小姐，

08 R：对。

在这个电话会话的开端，"你（您）好"出现了五次，涉及两个相邻对，四个话轮。我们依次把五个"你（您）好"编为"您好 03""你好 04""你好 05a""你好 05b""你好 06"。在 03 话轮中，C 用"喂"打招呼，用言语发起呼叫，这是第一个 TCU，紧接着使用的是"您好 03"，作为对 R 的问候，这是第二个 TCU，然后用疑问句式寻求身份确认，这是第三个 TCU。R 的应答同样对应着这三个 TCU，用语气词"啊"作为应答，用"你好 04"回应对方的问候，用短语"我是"回应第三个 TCU。这个毗邻对中所包含的内容和信息较为丰富，通过呼叫、应答、问候、R 身份的构建，使双方的共有背景从无到有。下一步 C 应该可以继续构建自己的身份，启动话题，但是，在 C 构建身份的话轮中，我们发现了位于话轮起始部分的"你好 05a"和结束部分的"你好 05b"。R 对这两个问候只回应了一个"你好 06"。按照杜冉提的解释，双方已经进入了共享的视野，重复"你好"似乎已经没有必要。但我们认为"你好 05a"和"你好 05b"的出现，有其必然性。

社会心理学家莫斯科维奇（Moscovici S.，1985）指出，对于熟悉的经验，人们可以根据已有的社会表征库简单地处理，比如熟识的人之间的身份确认在会话开端用一个相邻对就可以完成。但是对不熟悉的经验，就比较麻烦。人们对陌生或者新的对象进行处理的时候，要经过两个阶段——初始化（anchoring）阶段和对象化（objectification）阶段。在初始化阶段，新的对象被分派到既有表征中的一个思维或者元素的范畴。"您好 03"和"你好 04"完成的正是初始化的过程。因为对 C 来说，在不确定对方身份之前，R 是完全陌生的，所以要对"陌生的 C"问候。对 R 来说，C 是完全陌生的，只是在遵循社会文化规则，完成"您好 03"的回应。在对象化阶段，新的对象被转化为它所表征的一个具体的元素，这个表征开始变得具体。"你好 05a"的后面紧跟着称呼，说明 R 的身份已经被 C 转化为具体的元素，这个问候的对象是确定的对象。在构建了 C 的身份之后，R 对 C 也已经对象化、具体化了，"你好 05b"的出现是基于 C 对这一步骤的预测，以新的对象身份对 R 问候。这一点我们可以通过 R 发出的"你好 06"以及后面的称呼来确定。

E3 – 5（YQNF）

01 C：（（铃声））

02 R：（（接通））

03 C：→喂？你好？

04 R：→哎，你好。

05 C→ 你好，是 L 小姐吗？

06 R：啊。

07 C：→哎，你好，＞我是广州中山大道这边打过来的，是给你们送美赞臣孕妇奶粉礼品包的＜。

09 R：哦:。

在 E3－5 中，初始化和对象化的问候显示得更为清楚。03 与 04 构成了呼叫—应答和问候—问候相邻对，这里的问候—问候是完全陌生的人之间的打招呼。所以下一步需要构建身份，拉近距离，因此，C 在 05 继续用"你好"发出问候，并构建 R 的身份。从问候对象上看，这里的"你好"是 03 的重复和肯定，也起到了避免确认身份的唐突和尴尬的作用。在得到 R 的确认后，C 在 07 再次向已经得到确认身份的 R 发出问候。

在我们搜集到的语料中，在电话开端出现类似情况的都集中在推销类的机构性会话中。我们再看下面两例：

E3－6（BXRS）
01 C：（（铃声））
02 R：（（接通））
03 C：→喂，您好，请问是 L 小姐吗？
04 R：→啊，你好。
05 C：→你好，这里是中国人寿财险打给您的。
06 R：啊。

E3－7（BXPA）
01 C：（（铃声））
02 R：（（接通））喂::？
03   （1s）
04 C：喂？
05   （1s）
06 R：喂？哪里？
07 C：→哎，喂，您好，请问是 L 小姐吗？
08 R：啊。
09 C：→哎，L 小姐，您好，您好，方便这边打扰到您了，我这边是平安电话车险的高级客服经理，我叫 ZJW，工号是 91101，就是说，很高兴给您来电话了，就是您刚刚嘛，有一款车子，保险快到期了，我们现在的话，也在车险的优惠活动的。

在 E3－6 中，C 连续在话轮起始部分使用了"您好""你好"，完成了从初始化到对象化的问候。虽然 C 构建了自己的身份，但是没有像 E3－4 中的 C 那样再以新身份进行问候，所以这里只出现了两次问候语。在 E3－7 中，C 运用"您好"的重叠形式来加强礼貌程度。除此以外，C 还使用了致歉策略来增强礼貌性，使用了"方便""打扰"等礼貌词语。

　　对比师生类的会话，我们发现，作为学生的 C 在使用"你好"时有三种情况：第一种情况是在构建 R 身份的时候使用对初始化对象（陌生人）问候的"你好"，如 E3 - 8；第二种情况是在构建自己身份的时候，使用对对象化对象（L 老师）问候的"你好"，如 E3 - 9；第三种情况是不使用"你好"，如第二章中的 E2 - 18，在确认完身份后，直接进入核心话题；或者是先进入外围话题，表示礼貌，再进入核心话题，如 E3 - 10。

　　　　E3 - 8 （XSLYP）

01 C：（（铃声））

02 R：（（接通））喂？

03 C：→ 喂？你好，LLF 老师吗？

04 R：→ 啊，你好，我是。

05 C：啊，我是零七法律文秘的班长 LYP 呀！

06 R：哦：。

　　　　E3 - 9 （XSYH）

01 C：（（铃声））

02 R：（（接通））喂？

03 C：喂？L 老师。

04 R：→ 哎，你好。

05 C：→ 你好，我是蓝点文学社公关部的永红。

06 R：嗯。

　　　　E3 - 10 （XSWF）

01 C：（（铃声））

02 R：（（接通））

03 C：喂，L 老师？

04 R：啊。

05 C：我是婉芬。

06 R：→啊，你好，婉芬。

07 C：→方便接一下电话吗老师？

08 R：啊，你说吧，没事。

　　在后两种情况中，都是作为教师的 R 先向作为学生的 C 进行问候，显示出固定交际形式的惯性作用，R 即使在对方没有发出问候的情况下，也会对交际规则严格遵守。所以，我们认为"你好"的重复出现并不是只有修辞功能，而是具有语用价值，具有拉近人际距离、建立良好交际气氛的功能。

3.3 结束语

3.3.1 概述

结束语也是能够集中体现交际双方人际距离的语言形式，出现在电话会话的结束部分。受人际距离、交际效果、交际目的等影响，结束语呈现出不同的礼貌程度。所以，从形式上看，电话结束部分较电话开头部分要灵活得多。

谢哥洛夫和萨克斯（1973）发现呼叫者和听话人除非等到合适时机，否则不会轻易挂断电话。萨克斯（Sacks H.，1975）认为结束部分可能是从会话进程上的多变到用"Byebye"或其变体作为规律性结束的聚拢。布顿（1987）在此基础上提出"结束原型（archetype closing）"的概念，总结出电话会话结束由两个相邻对、四个话轮构成，分别是：①预结束话轮（pre-closing）；②第二结束成分（second close component）；③第一结束话轮（the first terminal turn）；④回应（reciprocates）。预结束话轮可以看作是结束部分的启动，是交际者 A 提出要求结束话题。第二结束成分是交际者 B 对预结束话轮的认可和接受。第一结束话轮则是交际者 A 说出告别、结束的话语。交际者 B 的回应和第一结束话轮构成相邻对，比如"再见—再见"。余丽娜（1999）归纳了考瑟兰德（Couthland）和列文森（Levinson）对话语结束部分的分析，认为可以用三步来概括：①话题终止序列；②前结束序列；③结束序列。话题终止序列是结束会话的前提，前结束序列起着承上启下的作用，结束序列是前两个步骤的自然结果。我们认为"三部曲"结构较"四步走"更为灵活地处理了序列的问题。

对电话结束部分的研究目前还不算多。一般来说，在电话会话中，交际者更关注的是话题。通常情况下，他们不会特别关注结束语言的运用，在这样的情况下，就产生了不同类型的结束方式。事实上，这种情况和交际者之间不同的人际距离有关。赫伯特和韦德（Herbert H. C. & Wade F. J.，1981）研究了结束单位"Goodbye"的功能和用法。他们认为"Goodbye"的交换主要取决于参与者的熟识程度和他们对电话会话的进展的看法。如果是熟识的人之间交际，那么"Goodbye"的使用频率更高。

宋兰娥（2007）对汉语电话会话的结束部分进行了探讨，归纳了日常电话会话不采取技巧的结尾的策略，如重提一些会话内容或者表达关心、谅解等。结束部分的语言形式除了"再见"外，还有"行""好""是""哎"等。我们看到这主要都是用于熟悉的交际者之间的结束方式，只有维系双方人际距离的功能，其调节功能很弱。

下面我们先对结束部分的结构进行分析，在此基础上，再对话轮中的一些词语的使用情况进行讨论。

3.3.2 结束部分的结构

3.3.2.1 简化结构

我们先举例说明电话会话结束部分的"三部曲"，我们用 a、b、c 来表示这三个步骤，见 E3 – 11 和 E3 – 12。

E3 – 11（LG1）

07C：a→ ＝顺便问一下看有没有搞好了，哈？

08R：a→ 嗯，好，好的。嗯。

09C：b→ 嗯嗯。

10R：b→ 就这样。

11C：c→ Bye。

12R：c→ 嗯，Bye。

E3 – 12（TSC1）

24 R：a→ 啊，没事，那你盖完去问一下他，看他是怎么样。

25 C：a→ 好的。

26 R：b→ 哎，好咧！

27 C：b→ 嗯。

28 R：c→ 嗯，先这样，Byebye。

29 C：c→ Byebye。

在 E3 – 11 中，09 至 12 是典型的四部分，09 提出结束话题的要求，10 表明 R 同意，因此 11 和 12 构成的道别相邻对就自然形成了。在 E3 – 12 中，26 表明 R 提出结束话题，27 表明 C 同意，所以 28 R 再次进行确认，并提出结束语，29 C 进行回应。这都是典型的结束过程。

但是日常会话和机构性会话，并不总是这样的典型，更多的是在这一基础上的增删。我们先来看简化后的形式，见 E3 – 13 至 E3 – 16。

E3 – 13（KDJD）

06 R：a → ＝啊，好的，你稍等一下。我就下来啊。啊°。

07 C：a →好的。

08 R：b →嗯，好的。

09 C：c →Byebye。

E3 – 14（BXPA）

12 C：a → 哦。已经办理了，对吧。

13 R：a → 对对对，好的。嗯。

14 C：b → 哦，那真不好意思打扰到您了。

15 R：b → 嗯，好。

E3 – 15（BABA2）

09 C：a → 马上就到了啊。

10 R：a → 好的，好的。呃。

11 C：b → 呃。

E3 – 16（NSSY）

08 R：我已经办完啦。

09 C：a → 哦。办啦，是吧，

10 R：a → 嗯。

11 C：c → 那可以，不打扰啦，Byebye。

以上四例都是简化后的形式。我们发现，话题终止序列总是存在的，而前结束序列和结束序列可以省略。话题终止序列意味着有一方要求结束话题，关于它的存现，谢哥洛夫曾用例子说明，如果话题终止序列省略的话，会造成极大的尴尬和难堪，使交际陷入僵局。在我们的语料中，没有这样特殊的会话情况，所以话题终止序列总是存在的。前结束序列不一定要交际双方都表达，可以只有一方表达对结束序列的期待，如 E3 – 13，甚至于省略前结束序列，直接进入结束序列，如 E3 – 16。需要注意的是 E3 – 16 中的结束序列事实上具有前结束序列的功能，只是没有形成交换，属于单方结束。结束序列也可以完全省略，如 E3 – 14，交际双方没有交换任何的结束语；或者部分省略，如 E3 – 13，只有交际一方说出结束语，另一方没有回应。以上这些简化情况主要发生在两种情况下：一是亲密关系的人之间；二是推销员遭到明确拒绝，无法展开对话。后者因为具有明显的目的性和功利性，所以容易出现省略情况。

在省略前结束序列的情况中，我们发现还会出现结束序列的扩展，例如 E3 – 17 和 E3 – 18。

E3 – 17（XSWBS2）

12 R：a → 明天吧，我明天给你个答复好吧？

13 C：a → 呃，好，谢谢老师。

14 R：c → 嗯，好吧。Bye。

15 C：c → 打扰了，Bye。

16 R：c → 嗯，好的，Byebye。

　　E3 – 18 （XSWBS3）

12 R：a →难道没有收到吗？我再给你发一次吧。

13 C：a →哦。

14 R：a →好。

15 C：c →Byebye！

16 R：c →好的。

17 C：c →好，Byebye。

18 R：c →Byebye。

　　这两个例子中，都没有出现前结束序列。在话题终止信号发出后，R 或 C
直接进入结束序列。但是在结束序列中出现了"Byebye"的重复行为。我们认
为前结束序列的省略，使会话节奏加快，而在交际双方又不是十分熟悉的情况
下，结束序列的扩展是对前结束序列省略的一种补救，也是显示礼貌的一种
策略。

3.3.2.2　扩展结构

　　结束部分的序列扩展结构，常常出现在交际方是熟悉关系的会话和推销员
能够展开话题的会话中。我们先来看扩展结构的类型。

　　E3 – 19 （BXLL1）

46 R： 那倒不会。

47 C：a F→那不会是吧。

48 R：a S→嗯。

49 C：b F→那就这样吧，那就帮您按照一个指定行驶区域那个发一个报价
　　　　　　好吗？

50 R：b S→哎，好的，行。

51 C：b F→麻烦您留意一下。

52 R：b S→哎，好的，［谢谢。］

53 C：c F→ ［行，再见］。

54 R： （0.2）

55 C：c F→嗯 （·） 那 Byebye。 =

56 R：c S→ = 好的，Byebye。

　　在 E3 – 19 中，话题终止序列体现在 C 对话题的重复，R 给予肯定，而未
再提供新的话题。前结束序列较为复杂，由两个相邻对构成，彼此之间有意义
关联。C 提供给 R 服务，R 接受；C 进一步提醒 R，R 接受并致谢。这两个相
邻对，展示的是一个提供的过程，C 的这种行为意图十分明显，那就是拉近彼

此距离，让 R 产生好感，从而达到交际目的。在这个序列中，C 有意识地使用了"帮您""麻烦您"等礼貌性词语，努力给 R 留下热情服务的印象。在结束序列中，R 没有及时回应 C 的结束语"再见"，C 换用"Byebye"后，R 才完成了回应。关于"再见"和"Byebye"的差异，我们下节再进行讨论。

E3－20（BXLL2）

25 R：a F→ 嗯，对对，我问了一下，他说再想一下，再说啦。

26 C：a S→ 行，行，没事的。

27 R：a SCT→啊

28 C：b F→ 那您先看一下，到时我再给您电话吧。

29 R：b S→ 哎，好好好。

30 C：b F→ 好吧？

31 R：c S/F→ 行。那再见啊。

32 C：c S→ 好的，Byebye。

33 R：c SCT→ 啊（·）好。

在 E3－20 中，话题终止序列由 F—S—SCT 构成。前结束序列中，C 对整个会话做出安排，R 表示同意，C 进一步确认 R 的意见，R 在表示肯定后，急于结束对话，所以先启动了结束序列，因此在 C 回应后，R 不得不再用 SCT 来作为结束序列的补足，以避免尴尬和给对方留下不礼貌的印象。

E3－21（SMLY）

122 R：a F→ 嗯，行啊。我试试给他（·）跟他联系一下喽。

123 C：a S→ 呃呃，好好好。

124 R：a SCT→好啊。

125 C：b F→ 那有什么我们再联系哈。

126 R：b S→ 哎，好啊好啊，行。

127 C：b SCT→嗯。好，好。

128 R：b F→ 那就这样？

129 C：c S/F→ 好，再见啊。

130 R：c S→ 嗯，好，Byebye。

131 C：c SCT→ 好，Byebye。

　　在 E3 - 21 中，话题终止序列和 E3 - 20 一样也是由 F—S—SCT 构成的。在前结束序列中包含一个 F—S—SCT 和一个相邻对 F，C 表达和 R 今后继续联系的愿望，R 表示赞同。R 以协商的口吻提出结束会话，因此 C 表示同意后先启动了结束序列（S）/F，R 回应，C 以结束语来补足。这个 SCT 从相邻对的关联性来看，并不是必需的，它虽然只是道别行为的重复，却是对礼貌行为的遵守。这一行为背后蕴含的更多是礼貌成分，这一点也涉及"再见"和"Byebye"的使用差异。

　　　　E3 - 22（4STM1）
25 C：哦，一般就是星期六星期天比较有空。=
26 R：= 对对［对，］
27 C：［好的。］
28 R：a F→ 只有周末，平时（·）没办法的了。
29 C：a S→哦：：：，那没关系。
30 R：a SCT→哦。
31 C：b F→那你的（·）你应该有我电话号码吧?（hehehe°）
32 R：b S→嗯，我有，我有。=
33 C：b SCT→ =（你有）。
34 R：b F→你平时周六在吗?
35 C：b S→我平时都有在。
36 R：b SCT→呃，都有在的话啊，那行。=
37 C：b F→ = 那你到时候过来的话就先给我打一个电话吧：，= =
　　　　　　　［好吧?］
38 R：b S→［行：。］呃，行，没问题，没问题，可以［可以。］
39 C：b F→［那就］你过来的话再见面啦?
40 　　（0.5）
41 C：b SCT→啊，好吧，L 小姐，
42 R：b S→ 啊，好，好好。可以可以。
43 C：c F→ Bye［bye!］
44 R：c S→［Bye］bye。

　　在 E3 - 22 中，值得注意的是前结束序列。这一序列由一个 F—S 和三个 F—S—SCT 构成，是语料中最复杂的一个。R 在发出话题终止信号 30"哦"后，C 为了拉近和 R 之间的距离，通过确认联系方式来进入前结束序列，R 在这一基础上进一步确认时间，C 接着发出联系的请求，得到 R 确认后，又进一步发出见面的期待，R 未能及时回应，C 通过 41 来进行补救为自己挽回面子，

在 R 完成确认的要求后，C 启动了结束序列。

      E3 - 23（XSWMQ）

96 R：a F→（hehehe）还有两三个月吧，（hehehe）

97 C：a S→好。

98 R：a SCT→嗯。

99 C：b F→加油？

100 R：b S→加油。

101 C：b F→顺顺利利的哈。

102 R：b S→啊。

103 C：b F→保重身体。

104 R：b S→嗯，好的，行，谢谢，嗯，好的。

105 C：c F→Byebye。

106 R：c S→好，Byebye。

    在 E3 - 23 中，前结束序列是 C 对 R 的祝福和鼓励，这是常见的熟悉关系下的前结束序列中的内容。它由三个简单的 F—S 完成，然后自然过渡到结束序列。我们看到 C 通过这一方式来寻求会话结束的合适点，使结束序列变得十分自然。

      E3 - 24（TSF）

60 R：a F→ 后面还得再重啊，哎呀。

61 C：a S→ 没事，没事，好。

62 R：a SCT→好的。

63 C：b F→ 好，

64 R：b S→ 行，

65 C：b SCT→好。

66 R：b F→ 那你开车注意点。

67 C：b S→ 好的。

68 R：b F→ 嗯。

69 C：b S→ 好。

70 R：c F→ 好的，这样，Byebye。

71 C：c S→ Byebye。

    在 E3 - 24 中，交际双方在前结束序列不断交换语气词，寻求结束的最佳点。R 在第一轮语气词交换后使用了表示关心的话语，双方再次进行语气上的交换后，R 提出了结束。我们看到，在熟悉关系下，虽然前结束序列的内容基本由语气词构成，但双方在这样的语气交换中，使交谈延宕至自然结束。换言之，前结束序列的延宕体现出双方的礼貌程度。

　　下面我们对上述几个典型例子中结束部分的序列扩展情况进行归纳，用表格形式列出，见表 3 - 1。

表 3 - 1　结束部分的序列扩展情况比较表

例子序号	身份	话题终止序列（a）	前结束序列（b）	结束序列（c）
E3 - 19	保险推销员 A	F—S	F—S　F—S	F—F—S
E3 - 20	保险推销员 A	F—S—SCT	F—S　F—（S）	（S）/F—S/（F）—SCT
E3 - 21	R 的师妹	F—S—SCT	F—S—SCT F—（S）	（S）/F—S—SCT
E3 - 22	保险推销员 B	F—S—SCT	F—S—SCT F—S—SCT F—S—SCT	F—S
E3 - 23	R 的学生	F—S—SCT	F—S　F—S　F—S	F—S
E3 - 24	R 的同事	F—S—SCT	F—S—SCT　F—S　F—S	F—S

　　通过对比，我们发现：在这两类会话中，话题终止序列的结构和模式基本一样，结束序列也不复杂。最值得注意的是前结束序列的扩展情况。保险推销员 A 在连续的会话中，都使用了扩展模式，保险推销员 B 使用的扩展模式更为复杂。而与 R 关系十分熟悉的交际者，使用的同样是复杂的扩展模式。这种复杂的前序列扩展模式体现出交际双方对会话结束的协商，寻找会话结束的合适点。在人际距离较近的熟悉情况下，往往协商的过程较长，避免过早结束会话而显得不够礼貌。而在人际距离较远的陌生情况下，这种方式和策略就成了拉近人际距离的手段。

3.3.3　Byebye 的使用

　　关于"Byebye"的写法，我们没有用汉字表示，因为从来源上看，这是个源于英语的外来词，从发音上虽然能够用"拜拜"代替，但由于"拜拜"本身有自己的含义，用来表示这一音译词并不合适。

　　侯国金（2007）认为"Byebye"是从英语进入汉语后，流行程度较高的非字词，能够填补汉语的词汇和文化缺省，人们对"Byebye"的宽容度较高。这种宽容度来自语言使用者的认同和语言交际的需要。根据曲卫国、陈流芳（2005）的研究，告别语"Byebye"是汉语口语语体缺环的一种补充，使用的群体有扩散趋势，在使用上，要受到场合的制约。他们还特别指出，"Byebye"

的使用在一定程度上受交际双方的社会等差关系和亲疏关系的制约，也是表示交际双方关系相对亲近的标志。

我们在语料中发现，在会话结尾没有说"再见"或者"Byebye"的情况发生在爸爸、快递员（只有一例使用了"Byebye"，见 E3 – 13）和两例推销类会话中（详见 E3 – 14 和 E3 – 23）。

E3 – 25（YQMR）

12 C：到时候有时间有需要的话了解一下。哦。

13 R：好，再说啦。好的，行。

14 C：→ 那好的，祝小姐您周末愉快。

15 R：好，行。

在 E3 – 25 中，C 以祝愿形式结束会话，是间接的告别语，R 用语气词表示肯定和接受，双方都没有再启动结束序列。这也是常见的汉语机构类会话的结束方式。

R 与丈夫之间的会话结束部分使用的是"Bye"。曲卫国、陈流芳（2005）的调查认为"Bye"是"Byebye"的变体，流行范围不广，局限在大学生群体，亲切度不够、随意性强。我们还在学生与 R 的交谈中发现了两例使用"Bye"的情况。他们还认为"Byebye""Bye""再见"按随意和亲近程度由强到弱排列，顺序为"Byebye" > "Bye" > "再见"。不过我们不赞同这样的排列方式，"Bye"作为简化形式是更随意的，同样可以用于亲密的关系中。而且根据我们的观察，在亲密关系的会话中用"Bye"的频率高于"Byebye"。而在其他关系的会话里，"Byebye"出现的频率最高。所以从随意性的角度看，应该是"Bye" > "Byebye" > "再见"，但是"Byebye"是否比"Bye"表示更亲密的关系，我们认为应该通过进一步调查研究来分析。

在结束序列里，只使用了"再见"的情况有五例，除了一例是与学生的会话以外，其余都是推销类会话。这五例中，有三例 R 没有回应，包括与学生的会话。这一情况结合 R 的日常语言使用情况都说明 R 对"再见"的使用不如"Byebye"更自然。只使用了"Byebye"的情况是最多的，一般情况下，打电话的 C 应该首先发出结束语，R 作为接电话方，回应 C 发出的结束语，我们绝大部分的语料显示如此，但也有五例是由 R 先发出的。而这五例除了一例是与保险推销员的对话外，其余的都是与较为熟悉的人（如同事、学生）的对话。

"再见"和"Byebye"同时出现在结束序列中的情况是我们考察两者区别的最有利的语料。我们先以 E3 – 19、E3 – 20 和 E3 – 21 为例来进行分析，见表 3 – 2。

表 3 - 2　"再见" 和 "Byebye" 同时出现情况表

例子	FPP1	SPP1	SCT	FPP2	SPP2
E3 - 19	C　再见	——	——	C　Byebye	R Byebye
E3 - 20	R　再见	C Byebye	R 啊，好	——	——
E3 - 21	C　再见	R Byebye	C Byebye	——	——

　　这三例都是由一方交际者先发出 "再见"，但是回应情况不尽相同。在 E3 - 19 中，R 对 C 使用的 "再见" 没有进行回应，C 不得已转用较为随意的 "Byebye"，此时，R 才进行了回应。C 想用较为正式的结束语 "再见"，但是由于交际环境是电话会话，缺少对双方交际者使用正式语体的提示和约束，所以 R 并没有意识到或者说没有预测到 C 会使用较为正式的 "再见"。由于 E3 - 20 是同一个 C，所以 R 对上次 C 的使用倾向有印象，因此先发出了较为正式的 "再见"，C 却以随意性强的 "Byebye" 回应，使 R 不知如何应对。只好用其他形式来结束会话。在 E3 - 21 中，C 是 R 的师妹，通过 C 使用 "再见" 我们可以感知到她对由于 "学有先后" 而产生的距离的保持，而 R 则意图消解这种正式气氛造成的距离感，所以用 "Byebye" 回应，而 C 这时，为了顺应 R 的这种随意性，同时也是为了拉近距离，采用了 SCT 策略，使用了 "Byebye" 来结束会话。因此，我们认为，"再见" 和使用者之间的人际距离意识有关，正式的场合需要人们保持一定的人际距离，"再见" 可以很好地满足人们的需要。而在电话会话中，由于场合因素的缺省，更多的是靠交际双方自身对人际距离的判断来进行 "再见" 和 "Byebye" 的选择。我们再看下面的例子。

　　　　E3 - 26（TSQ）
　　62 R：啊，好的。嗯，行。
　　63 C：谢谢您啊。
　　64 R：不客气，哎，好的（·）这样。
　　65 C：→Byebye。
　　66 R：→再见，Byebye。

　　在 E3 - 26 中，C 是 R 的同事，但并不熟悉，可以说较为陌生，但 C 有事相求，希望 R 能够提供帮助。所以在道别的时候，C 出于拉近距离的考虑，采用了较为随意的 "Byebye"，但 R 仍用 "再见" 作为首选的回应选择项目，在说出后立即意识到对方的意图，迅速做出调整和顺应，用 "Byebye" 结束了会话。

综合语料反映的情况来看，我们认为，"再见"在汉语口语中担任告别语的角色已经弱化，只保留在正式场合，强调交际双方人际距离的会话中。表示亲近关系的"Byebye"在日常会话中得到了广泛运用，即使是机构性的电话会话也不例外。当然，机构性的会话要求代表机构的交际者能够使用正式的语言形式，这一点我们从保险推销员对"再见"和"Byebye"的使用情况上可以看出。所以，如果不受交际场合的严格限制，交际双方在人际距离较远的情况下想要表示亲近，拉近距离，用"Byebye"会比"再见"更为合适。不过，由于语料的局限性，我们未能对更多的不同类型的群体使用情况进行调查和分析，但是我们认为，在不同年龄、文化层次以及地区等因素的影响下，"Byebye"和"再见"的使用应该还会有差异。

3.3.4 "好（的）"在结束部分中的使用分析

谢哥洛夫（2007：118－123）在分析 SCT 的时候，对三个常用的 SCT 形式"Oh""OK"和评价，进行了分析。他认为，"Oh"是用来表示已经知晓、收到信息或通知的标记，而"OK"及其变体（如"Alright"），则是一个相邻对的 SPP 被接受的标记，也意味着 SPP 在序列中被采纳和接受的态度和立场。其中"OK"和我们汉语中常用的"好（的）"十分接近。因此，我们以语料中的结束部分为例，观察"好的"及其变体"行"的使用功能和特征，不过需要说明的是，我们考察的"好的"的位置并不局限于 SCT，也包括相邻对。

"好（的）"在口语中是个典型的语气词。"好（的）"和"好了"不同，后者由于"了"的不同形态和功能，而呈现出多样化的特征（韩静，2008）。"好"和"好的"只在音节长度上有差异，在语义和语用方面，基本一致。我们这里所说的"好（的）"同样是虚化了词语形式，是一种言语行为的标记，在语用意义上，可以表示答应、认可或者同意。我们目前在中国期刊网看到对"好（的）"进行专门分析的文章只有两篇，分别探讨"好"的标记性（鲜丽霞，2007）和"好的"在静态层面上的语义差异（孙琳，2012）。鲜丽霞（2007）认为"好"出现在话语开端的位置上，在与其他小句不构成相邻对的情况下，表示说话人的权势地位较高，并将它看作一个话题界限。这和我们要讨论的"好（的）"不属于同一类型。孙琳（2012）认为"好的"作为应答的语气词，语气意义有两种：一是表示对上一说话者话语内容的尊重，接收、认可含义较弱，是礼貌性习惯用语，二是表示答应、应承、同意对方的建议、要求、指示，隐含接下来会按照指示行事的意思。我们认为这两个意义都是在会话中相邻对的 FPP 有具体的实意内容的情况下出现的，如果 FPP 没有具体的意义内容，作为 SPP 的"好的"的意义就需要从更大的会话单位中去寻找。

我们从会话序列中"好（的）"的位置差异来寻找它在动态情境下的话语功能。

（1）出现在话题终止序列。在这一位置上，FPP 常常是具有提议、情况陈述、协商等含义的话轮，作为 SPP 的"好（的）"带有明显的同意、承认、接收和认可的含义，如 E3 – 11、E3 – 12、E3 – 15、E3 – 17、E3 – 19。但是如果在同一话轮中，这一含义已经由别的词语表达，同时又出现了"好（的）"，那么"好（的）"就是该话题终止的信号，如 E3 – 24 中，对 FPP 认可的含义由"没事"来表达，之后出现了"好"，意味着该话题可以终止，SCT 也是"好的"则表示 R 也同意话题终止。

（2）出现在前结束序列。在这一序列中，"好（的）"表示对整个话题终止的提议和认可，如 E3 – 13 中，C 用"好的"表示对情况的肯定、知晓和了解，R 继续发出的"好的"则是对整个话题结束的提议，因此 C 立即使用"Byebye"结束了会话。在 E3 – 22 中，C 在 39 发出提议和邀请，但是没有得到 R 的回应，因此在 41 使用"好吧"来结束该话题，R 接着也使用"好"，但为避免 C 误以为是话题结束信号，特别又用"可以"来回应 C 的提议。因此我们看到，处于 SCT 位置上的"好（的）"具有两种意义：一是表明对 FPP 的同意、认可，二是表明对话题的终止。在 E3 – 24 中，C 在 63 使用"好"表示对整个会话提议结束，在得到 R 同意的回应后，用"好"来表示对 R 的肯定，C 在 69 使用的"好"同样是话题终止的信号，因此 R 在 70 用"好的"表明认可整个会话的结束，并同时使用了道别语。

（3）出现在结束序列。在这一位置上，"好（的）"意味着对整个会话结束的认可，同时也带有一定的礼貌含义，如 E3 – 19、E3 – 20、E3 – 21。在这一位置上，"好（的）"常与道别语"Byebye"共现。

因此，在会话结构中，"好（的）"起到了对会话节奏控制的作用，如果交际双方在结束部分使用了"好（的）"，无论使用的是哪一种含义，都具有促进会话在友好的氛围中结束的作用，从这一角度看，"好（的）"是一个具有拉近人际距离功能的词语。

3.4　小　结

礼貌体现的是一种交际氛围，这种氛围是可以通过词语显示出来的，体现出说话人的态度和倾向。中国传统文化认为"礼多人不怪"，这样的文化背景和环境对交际起到了内在的制约作用，在会话中，交际者往往有一种认知期待，希望每次会话能够在良好的、和谐的、礼貌的氛围中完成。刘国辉（2005）认为，礼貌就是满足人们的认知期待，符合特定语境文化的习惯规约，最终得体。所以从这一角度看，对会话结构和词语使用的选择都可以从礼貌的角度得到解释。我们依据语料库，通过对会话结构的开始和结束部分以及一些高频出现的词语进行分析，发现礼貌作为拉近人际距离的一种方式可以通过以下层次体现：

1. 词语层

在会话开始部分，礼貌的传递不是表现在"喂"的使用上，而是表现在"你（您）好"的使用上。"你（您）好"可以重复出现，从心理学上看，其问候的对象是不一样的。在交际者对陌生对象的接纳过程中，"你（您）好"可以帮助交际者分别完成对另一方的初始化和对象化的过程。

礼貌的传递还可以从"Byebye""好（的）"的发出策略和使用频次上得到体现。"Byebye"已经成为常用的道别语，有取代"再见"的趋势，也比"再见"更能营造轻松随意的和谐会话氛围。

2. 会话结构层

在会话结束部分，礼貌还体现在结束部分的延宕。话题结束就戛然而止不符合中国文化中交谈的一般性规律，更不符合人际交往的特点。中国社会是人情的社会，对交际者的关心和问候是人情味的一种体现，就事论事被看作人际距离疏远的特征。因此，在结束部分尽可能地延长，寻找双方认为都合适的结束点，是一种对另一方尊重和礼貌的策略。

此外，在会话中，礼貌还可以通过一些非言语形式显现，如笑声等。在我们的语料中，笑声的出现起到了缓和气氛，使交际双方得到放松的作用。

第4章 话题控制系统

4.1 话题与话题控制概述

4.1.1 话题的概念

话题最早是在对句子进行研究的时候提出来的。霍克特指出，话题、述题是句子结构的组成部分，这两部分在印欧语言中常和主语、谓语对应。这组概念引入汉语研究后，目前已经成为汉语语法研究的重要内容之一。我们可以将这种局限在句子内部的话题看作句内话题。然而，句子可以构成段落—语篇和话语—会话，那么话题的范畴也应当随之扩展并有所差异。因而有学者认为话题也可以表现在语篇层面，称为语篇话题（Keenan E. O. & Schiefflin B. B，1976；方梅，2005；徐赳赳，2010）。所以学界对话题的研究一般分为句子层面和语篇层面。范迪克（Van Dijk T. A.，1997：136）认为语篇层面的话题是对自然前置结构的重构（reconstruction），等同于一个命题（proposition），这个命题必须由一系列的序列式的命题构成。语篇话题的功能是从整体上将序列中的语义信息削减、组织和分类。巴勃利兹（Bublitz W.，1998：25）也认为话题是在判断主题（subject）和复杂的言语行为模式归属的过程中产生的，话题是表面结构存在的内在因素，话题就是"我们正在谈论（告诉、抱怨等）的某件事"。从对话题的理解和描述上来看，卡皮文特（Kuppevelt J. V.，1995）认为语篇层面的话题和语篇结构之间存在密切关系，语篇能够明确解答的问题就是话题。他进一步指出语篇中的问句和回答是帮助我们寻找话题的重要依据。话题可以用一个"wh-问题"来表述。

会话中的话语也可以看作语篇的一种形式。会话是交互性的语篇。对会话而言，如果从会话整体的意义来看，会话就是为了完成一定的交际目的而进行的话题的集合，或者说，在一个会话中，所有的话轮都可以用一个或者若干个话题来统率。我们称之为会话话题（conversation topic，例子中用 TP 表示）。会话话题指的是在一段会话或整个会话中人们正在谈论的事情（孙国军，1993）。话题是会话的内在部分，会话的首要任务就是一步步构建话题和实现话题。会话话题有一定的层级性，会话话题是一个大话题，其中由若干小话题构成，小话题中又有子话题，子话题中有话轮话题，话轮话题由句子话题构成，如图 4 - 1 所示，本书中如无特别注明，话题指会话话题。

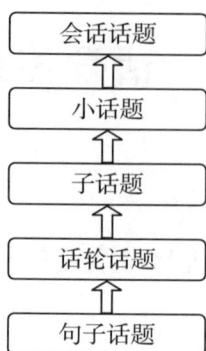

图 4 - 1　会话话题的层级示意图

这些话题之间具备一定关联性，只有这样才能共同构成一个会话话题，因此这也是我们判断会话话题的基本依据。麦卡锡（McCarthy M.，1991：132）认为，话题是特定活动中以任务标记为界定的一段谈话。布朗和尤尔认为话题是在语境中显现出来的，语境对话题的理解和构建有重要的作用，因此，他们提出了"话题框架（topic frameworks）"这一概念。对于一定类型的语篇来说，话题的演进都有一定的框架可以遵循。①

交际者之间的人际距离的差异使得话题的控制程度显现出一定的差异。话题的控制指的是话题如何统驭话轮。我们按照卡皮文特的分类来对话题的控制进行分析。卡皮文特（1995）认为话题的演进模式由话题的提出、话题的保持、话题的转换和话题的结束四部分构成。对话题的控制，主要体现在交际者对话题演进过程的控制。对话题的控制程度反映出交际者对交际目的达成的迫切程度以及对人际距离的调控倾向。

4.1.2　话题的分类

可以从不同的角度对话题进行分类。我们根据会话双方对话题的准备程度将话题分为随意性话题和约定性话题。一般日常闲聊中的话题都是交际双方未约定的话题，随意性强。而机构性会话则不同，作为机构代表的一方已经事先准备或者规定了话题，因此话题集中，属于约定性话题。约定性话题还可以分为单方约定和双方约定。双方约定性话题往往是在双方共有知识背景的基础上进行的。而单方约定性话题则只有一方具有话题的知识背景，另一方作为信息

---

① 参见孙毅兵，师庆刚. 会话分析中的"话题"面面观［J］. 外语与外语教学，2004（9）.

的接受者，还需要进一步的理解，才能在不断地共建知识背景的基础上完成会话。

从会话内容和话题的重要性上来看，话题还可以分为核心话题、边缘性话题和外围话题。核心话题是会话的主要目的，也是会话内容要明确回答的问题。边缘性话题是围绕核心话题展开的话题，并不是核心话题的子话题，而是为了明确核心话题而进行谈论的话题。外围话题指的是和核心话题并无关联的话题，我们根据外围话题和交际者之间的关系分为客观性外围话题和主观性外围话题，客观性外围话题通常是由语言交际的客观环境造成的，比如电话号码的更改、听不清楚要求重复等。主观性外围话题通常是表达对听话人的关心、致歉等，是为了维系交际双方的接触或拉近交际双方的距离而进行的话题。一般来说，核心话题实现的难易程度也会影响外围话题的多少。在核心话题内容相似的情况下，陌生关系下的外围话题较少，熟识关系下的外围话题较多。各个话题之间的关系，我们用图 4 - 2 来表示。

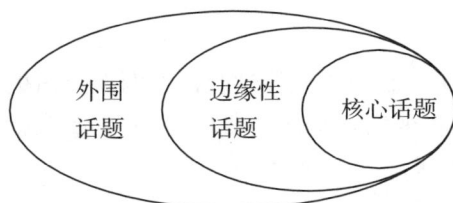

图 4 - 2　话题类型关系图

对交际双方来说，核心话题实现的难易程度是影响话题导入方式的一个重要因素。如果核心话题较难实现，往往说话人会选择从外围话题开始，再进入边缘性话题，最后才进入核心话题。如果核心话题较易实现，说话人可以选择直接进入核心话题，或者从外围话题直接过渡到核心话题，或者从边缘性话题过渡到核心话题。如果会话的核心话题难度相近或者一样，那么交际双方的人际距离及其倾向就是一个重要的变量。通过对比说话人对话题类型的选择和控制程度可以观察到说话人对人际距离的判断和调节。

4.2　话题的导入

4.2.1　话题的间接导入

话题的导入方式可以分为直接导入和间接导入。在话题开始部分就直接讨论会话的核心话题的是直接导入；由外围话题或边缘性话题过渡到核心话题的，则是间接导入。话题导入方式的选择和交际者之间的人际距离有很大关系。我们对比了语料库中的话题导入方式，发现推销类和师生类会话基本上都采用了直接导入的方式。在推销类会话中只有一例在导入核心话题前，先导入了一个外围话题，以加强 R 对 C 的印象（见 E3 - 19）。在师生类会话中也只有一例在导入核心话题前，先导入了一个外围话题，以示礼貌，但也可能显示了说话人认为核心话题实现的程度较难。

E4 - 1（XSWF）

07 C：TP_1→方便接一下电话吗老师？

08 R：TP_1→啊，你说吧，没事。

09 C：呃，就是那个军训系列活动的那个经费申：那个申请。

10 R：嗯。

11 C：我们拿到了发票了，可是要老师您亲自到那个呃，LWD 主任那里签名审批。

而在同事类会话中，在属于机构性会话的两例会话里，有一例使用了外围话题导入，因为 C 和 R 的联系较少，人际距离较远，需要用主观性外围话题以示礼貌，拉近人际距离。

E4 - 2（TSQ）

05 C：我是学工办的 LQ。

06 R：哎，L 老师，您好，哎。

07 C：TP_1→有打扰到您吗？

08 R：TP_1→没关系。

09 C：因为有件事情想跟您说一下，

10 R：啊，您说。

而在同事和同学的非机构性会话里，在核心话题只是询问或告知信息的情况下，外围话题明显增多。

E4 - 3（SMLY）

01 C：（（铃声））

02 R：（（接通））

03 C：喂？师姐。

04 R：哎，LY。

05 C：TP$_1$→在干嘛?

06 R：TP$_1$→哦，没有，刚睡起来。

07 C：TP$_1$→（hehehe）呃∶哦。

08 R：FD→呃，怎么?

09 C：TP$_2$→我今天去见导师啦，

10 R：TP$_2$→啊。

11 C：TP$_2$→他可能最近都在吧应该。

12 R：TP$_2$→啊。

13 C：TP$_3$→嗯。然后我跟你说，我准备元月五号，我们准备元月五号在
佛山那边摆酒，

E4 – 3 在核心话题开始前，用了外围话题（TP$_1$）和边缘性话题（TP$_2$）
来导入核心话题。在导入边缘性话题时，并不是主动导入，而是在 R 发起了
一个话题源（feeder）后才导入。TP$_3$ 是邀请 R 参加 C 的婚宴，C 还表明导师
也会去参加。所以 TP$_2$ 关于导师是否在学校的信息是一个边缘性话题。

E4 – 4（TSJ）

03 C：喂?

04 R：喂?

05 C：喂，美女，是我。

06 R：啊∶∶!

07 C：TP$_1$→知道不?

08 R：TP$_1$→听得到。

09 C：TP$_2$→骚扰你不?

10 R：TP$_3$→你换了电话吗?

11 C：TP$_3$→没有，这个是家里边那个 G3（××）机，

12 R：TP$_3$→哦。

13 C：TP$_3$→只能在家里用的。

14 R：TP$_3$→哦。

15 C：TP$_3$→哦，你要找我打原来那个手机就行。

16 R：TP$_3$→哦!

17 C：TP$_3$→嗯。

18 R：TP$_3$→我还说谁呀! 我说 157 的号码，我都不认识!

19 C：TP$_3$→（hehehe）所以就很温柔地喂?，是吧。

20 R：TP$_3$→（hehehe）

21 C：TP$_3$→（hehehe）

22 R：TP$_3$→没事。=

23 C：TP$_4$→＝你现在什么情况？

24 R：TP$_4$→还挺好，还可以。啊。

25 C：TP$_4$→还可以，是吧？

26 R：TP$_4$→对呀，啊。

27 C：TP$_5$→我：也怀孕了！

E4－4 的情况更为复杂些。在进入核心话题前，TP$_1$ 和 TP$_2$ 都是外围话题，虽然 TP$_1$ 中的 F 和 S 之间并无关联，但这并不影响双方会话的进行，因为双方的背景信息已经建立，所以 R 没有回答 C 的第二个话题的问题，而是直接启动了第三个话题，即电话号码的改变。这三个话题都属于外围话题，第四个话题看似外围话题，实际上是个边缘性话题，因为这是 C 要告知 R 的主要信息。

由此我们看到，在熟识的情况下，非机构性会话更容易引入外围话题和边缘性话题。而陌生情况下的机构性会话和亲密关系中的非机构性会话则往往直截了当，很少出现外围话题和边缘性话题。这一现象也从另一个角度印证了伍夫森的膨胀理论，即在熟识的情况下更讲究礼貌和客套。

4.2.2　话题的直接导入

我们的语料都是打入的电话，因此，对 R 来说，核心话题是 C 经过准备的，特别是推销类的机构性会话里，由于一方为专业人员，并且事先准备了话题，所以在这种会话中，C 往往会直截了当地将会话引到事先准备的话题上去，因此话题集中，内容紧凑。卡文皮特（1995）认为，话题的导入往往是由话题源引起的，话题源分为说话者话题源和述题话题源，说话者话题源是指由说话者说的话而引起的话题，述题话题源则指由对话题的回答而引起的话题。这是话轮话题层面上的话题源情况。我们结合话轮话题（例子中用 tp 表示，和会话话题 TP 相区别），来观察核心话题的导入方式。在机构性会话中，特别是推销类会话中，主要的导入方式有两种：一是询问，二是陈述。

E4－5（BXRS）

07 C：tp→这里看到您宝来的车险快到期了，请问您续保了吗？

08 R：FD→啊，还没有。

09 C：tp→给您做个报价参考下可以吗？

10 R：可以呀，你说吧。

在 E4 - 5 中，C 通过询问的方式导入了核心话题，即给 R 提供车险报价并促使 R 购买。这里 C 使用了两个问题，而且都得到了较为理想的答案，因此话题的展开过程十分顺利。

E4 - 6（BXPD）

07 C：tp→嗯，这边的话呢，想冒昧地问一下小姐您，您这边的话呢，之前跟您说过那个车子保险的<u>价格</u>呀，您这边考虑得怎么样呢？

08 R：FD→呃，这个：，我，我先生已经买了。

09　　（1s）

10 C：tp→已经办好了吗？

11 R：对，他刚买。

12　　（1s）

13 C：哦！

在 E4 - 6 中，C 导入话题的方式是直接导入，是通过询问的方式来进行的。不过 R 的回答是 C 意料之外的，所以出现了沉默空当。为了使会话继续，C 只好在 R 的述题上继续通过提问展开话轮。然而 R 的答案使 C 预先准备好的话题无法展开，因此又出现了沉默空当。

E4 - 7（BXLL1）

07 C：FD→之前给您发的报价，您都收到了啊。

08 R：哦，对。

09 C：FD→（hehe）因为您跟我说您出了一次险嘛，是按照正常车险报价的。=

10 R：=嗯。=

11 C：FD→可能保费就贵一点，是那个：，发票价是三千八百三十，实收您三千四百六十的。

12 R：啊。

13 C：FD→就是之前跟您说过这个情况，可以说如果您觉得贵，可以约定一个驾驶员，保费就会便宜点，是这样的。=

在 E4 - 7 中，C 通过陈述的方式引入核心话题，通过对报价的解释和说明想促成 R 购买保险。

E4 - 8（4STM2）

07 C：FD→您的（·）您的那个车子的年审已经回来啦！

08 R：回来啦。哈。

09 C：FD→对呀，可以叫您老公过来这边开回去啦。

10 R：呃∷∷，恐怕他（·）过不去，今天。

11 C：tp→今天过不来？

12 R：嗯，对，刚刚打电话说现在还有点事情忙，走不开。

在 E4－8 中，07 和 09 是陈述式的话题源，但 R 针对时间提出了异议，因此 C 采用询问的方式引入核心话题，围绕确定来开车的时间而展开会话。

4.2.3 话题导入方式的差异

在我们的语料中，两种导入方式的频率略有所不同。有一例会话（BXLL5）是 R 发起话题的，还有一例（BABA2）使用的是祈使方式。表4－1是其他会话导入方式的情况。

表4－1 话题导入方式情况表

类别	方式					
	频率	询问	频率	陈述	频率	询问＋陈述或陈述＋询问
机构性会话	10	推销员类7 学生类3	23	推销员类11 同事类2 学生类10	9	推销员类5 快递员类4
非机构性会话	7	同事类4 爸爸1 丈夫2			1	同学类1

从表4－1中我们可以看出，在机构性会话中，采用陈述方式的次数明显多于询问或者询问与陈述结合的情况，从比例上来看，学生类和推销员类会话采用陈述方式的比例最大。而在非机构性会话中，采用提问方式的比例最大。表达要求最常用的祈使方式在语料中只有一例。从祈使句的主要功能来看，祈使句是实施要求的操控度最高的句子。这一例是 R 的父亲和 R 之间的会话，要求行为由 R 的父亲发出。其他会话中主要使用询问方式和陈述方式来表达要求。我们认为这和询问方式与陈述方式所能体现出来的操控度和礼貌度有关。

（1）说话人和听话人之间的人际距离倾向是影响语气选择的重要因素。

在我们的语料中，打入电话者 C 都是对 R 有所求，或者说 C 想要实现一个要求行为。行为主义的代表斯金纳（Skinner B. F.，1957）认为言语行为中的"要求"极其重要，且有多种语法表现形式，可以是疑问式（你有空吗）、陈述式（我没带钱），也可以是祈使式（把饭给我）。"要求"可以是引发人去做某一件事的任何语言刺激。吉沃则认为不应该单纯地将语法句式看作完全离散的个体，而应该看作表示言语行为的连续统，比如从疑问句到陈述句就是一个连续统，它和其他的连续统在心理—社会—人文的多维角度上融合。因此，在控制连续统的参数中，交际者之间的人际距离倾向是影响语法形式选择的重要因素。一般来说，询问方式的典型语法形式是疑问句，使用的是疑问语气，陈述方式的典型语法形式是陈述句，使用的是陈述语气。

（2）具有拉近距离效果的方式是陈述方式。我们先来看对陈述和询问的不同回应。一般来说，如果 FPP 是陈述的话，那么 SPP 就会采取评价的方式来回应，或肯定或否定或给出不同意见。如果 FPP 是询问的话，那么 SPP 就会根据询问的具体方式（如特指问或是非问等）给出确认信息或者补足信息。很明显，在"要求"行为的限制下，询问方式的要求性显得更强，说话人对话题的操控性更强，相应地，礼貌程度变弱。而陈述方式的要求性不明显，听话人对话题做出反应的自主性加大，相应地，礼貌程度和尊敬程度则变强。赵微（2010）根据吉沃的理论框架，通过问卷调查表明，在实施指令、表达要求的行为中，面对权势高于自己或者等于自己的听话人，说话人更倾向于选择委婉、曲折的表达。我们从学生类会话来看，R 作为教师，明显地和 C 之间存在垂直的上下距离，因此 C 尽量避免采取操控性很强的询问方式，而是采用操控性很弱的陈述方式。而在非机构性会话中，C 打电话的目的主要是要求 R 提供信息，双方人际距离较近，所以采用操控性较强的询问方式更能达到会话的目的。在推销员类的会话中，几种方式都存在，但对于 C 来说，具有拉近人际距离效果的方式是陈述方式。

4.3　话题的保持

4.3.1 话题的保持

话题的保持指的是交际双方或某一方就某一核心话题展开话轮，以该话题的结束或者成功转换到另一话题为标记。话题的保持要求话轮围绕话题展开，话题的保持长度以及交际者对话轮的控制在很大程度上取决于会话双方对话题的兴趣和双方的人际距离。在 E4-6 中，R 的回答给了 C 暗示，R 对 C 预先准备的话题不感兴趣，因此 C 在询问了两个问题后就结束了会话。不过类似会话在语料中只有两例（BXPD 和 NSJD2）。因此我们观察的语料都是话题有所展开的会话。

语篇层面话题的保持离不开句子层面的话题，特别是话轮中的词语。卡文皮特（1995）认为话题的保持可以从语音标记和词汇标记两个方面来探讨。语音标记有语音的延宕等，而在词汇标记方面，说话人往往会使用一些话语标记或者一些特定结构来维持和听话人之间的人际距离，提醒听话人对话题的注意，并继续话题的展开，比如"我跟您说""比如说""这样的话""对吧""是吧"等。话轮中的话语标记和某些结构对话题的保持有重要的作用。

4.3.2 话题保持的话语标记

话语标记的研究是目前语言学界语法语用研究的热点。关于什么是话语标记，各家见解虽有不同，但大体看来，得到认可的主要有以下几条标准：①在句法上，话语标记是独立于句子成分之外的；②在意义上，话语标记的存现并不影响整个句意的表达，话语标记的意义是程式性的；③在功能上，话语标记的核心功能主要是人际功能和语篇功能。在此基础上，对话语标记的分类也就多种多样。一般来说，对话语标记的分类主要有两个方向：一是依据形式，二是依据功能。

在我们的语料中，BXLL3 和 BXTP 是推销员类会话中时间最长的两例，其中 BXLL3 出现了多次话题转换的情况，BXTP 则只出现了一次不成功的话题转换，整个会话围绕保险的保费问题展开，我们以此例来分析话题保持过程中的话语标记（例子中加了着重号）。

E4 -9（BXTP）

27 C：→我跟您说，L 小姐。

28 R：啊。

29 C：→您那个刮花，一年下来，对（·）刮花的话，您这几年，就您这两年，你可以做一个，呃：：，做一个回顾，就您那个单独刮花的，发生过几次，有没有超过三次。应该都超过吧。

30 R：没有。

31 C：那单独刮花，我是说单独刮花。=

32 R：=嗯，我知道。没有。

33 C：哎。

34 R：嗯：，只有一次。嗯。

35 C：→对，我跟您说，因为像这种情况的话呢，是可以讲很少的。因为人家买这个单独刮花的话呢，人家一般好的车，就一般上了七八十万的车，才会，才会去买这个刮花险。

36 R：嗯::。

37 C：→对，像我们这一个一般的就这种小车的话呢，就是这个刮花险的
话呢，不买也可以。因为呢，我们车损里面也包含了这个刮花
险。因为呢，刮花险：=

38 R：=嗯。

39 C：理赔的时候呢，都会基本上在车子里面赔，像这个单独刮花是很少
很少的。

40 R：→啊，那怎么::?（0.2）那，那，我就不太明白了，那比如说我车
子被刮花啦，刮花啦，然后的话，那我怎么样去索赔呢，如果不
买那个，就是你刚才说那个单独的那个（·）那什么险的话。

41 C：→啊，索赔的话，比如说，它这个（·）刮花险是怎么赔的呢？我
跟您说哈。

42 R：啊。

43 C：→像这个刮花险，因为刮花险一般的话呢，刮花之后呢，这个车体
都是有凹痕的，就说咱们车子呢，比如说，报了保险，发现车子
刮花啦。

44 R：嗯。

45 C：→或者是，对，或者就是说，被人家用刀子用力刮，那用刀子刮花
的话呢，这个车子呢，是有凹痕的，是有凹痕下去的。

46 R：哦::。

47 C：→所以这个情况可以赔，如果车子呢，也是被人家车子刮了一下，
这个车子碰车子肯定有凹痕啦！对吧。

48 R：哦:::。=

49 C：=（很明显的），哦，对。

50 R：→就是说通过走这个 =

51 C：=嗯。=

52 R：→=就是说，呃，这个跟人家发生，比如说有凹痕的这种就可以走
车损险，然后呢？

53 C：呃。

54 R：→等于是修车的时候顺便就把那个就是有那个，就那什么了。（·）
对呀，是。

55 C：嗯，对。

56 R：[哦::]

57 C：→[就说这个刮花险的话呢，因为我们说如果有凹痕的话呢，就走
车损这一块啦。

58 R：啊。

59 C：→对，嗯，因为理赔的话呢，我这边基本上所有服务，像一般的十几二十嘛，二三十万的车子，基本上像那个单独刮花非常少，几乎等于没有。

60 R：嗯。

61 C：→那下来，您看，对（·），您这边一年理赔下来才两次，而且呢都是三四百块钱的东西，然后呢都是在车损里面赔，对吧。

62 R：嗯。

63 C：→对，都是在车损里面赔，然后呢，我们这边又给您提供了一年有三次两千块钱以下的单方事故免现场。

64 R：嗯。

65 C：→那也就是说，比如说一些小问题，像这个哦，车子发生碰撞导致的刮花，还有一些，啊：，比如说，我撞了一棵树，是吧。

66 R：嗯。

67 C：不小心把这个大灯撞坏了，这个油漆啊，还有划－，还有倒后镜弄破了等等。

68 R：嗯。

69 C：→或者说玻璃，只要是单方事故的，两千块钱以内的，这边就报个案就行啦，您就说哦，我今天发生了单方事故，您报个案就行啦，您开的车子呢，直接去维修就可以了。

70 R：哦：，这样子。

71 C：嗯嗯，对。

72 R：→那就是（·）你说我不用保那个就是呃：，单独划痕险的那个险的话，就可以再少：：四百块钱的样子，是吧。

73 C：呃，四百多。可以少一个四百三十块钱，因为您［想一下，＝

74 R：［哦：］

75 C：→＝咱们那个，假如说，一年就那个正常就算有一次那个刮花险，就是那个单独刮花，那么有一次单独刮花最多就是四五百块钱。［对吧。］

76R：［呃，对，我上次就是花了不到五百嘛，四百多。＝

77 C：→＝对呀，就最多是四百块钱，您看您买的那个刮花险就花了四五百块钱了，而且一年下来不可能就说三次，三四次都是维修这个刮花险，没那么巧哈！

78 R：嗯。

79 C：→那个概率是非常小的，嗯：对，一次，一次的话呢，这个概率也是很小的。

80 R：嗯。

81 C：除非这个故意的。

82 R：对。

83 C：→这个时候人家故意的话，就会有这种情况，但是自己的话呢，

84 R：啊。

85 C：→但如果自己碰到的话呢，他可能这个车子碰得严重才会刮花的。

86 R：嗯。

87 C：那么这个这种情况呢，这个车子肯定多多少少会有一点凹痕。

88 R：嗯。

89 C：→这个车子，对，这个刮花的话呢，就在车子里面赔啦。

90 R：哦：。明白啦。

91 C：哦：：：

92 R：→嗯，那这样的话，又能再少四百多，车险。哦：。

93 C：→嗯，对对对。那么您看呢，这个保费就是三千三百五十五块钱就
　　　可以了。 =

94 R：→ = 哦：：：。行啊，我考虑一下，我跟：，我，我把这个情况跟我老
　　　公商量一下，看他是不是同意就少买一点，这样的话，就又可以
　　　那什么一点。

95 C：嗯。

96 R：好不好？

97 C：像您这样 - 。

98 R：啊。

99 C：嗯，可以，都可以，这个没问题。 =

100 R：= 嗯。

　　在 E4 - 9 中，话题展开得十分充分，交际双方不断地共建知识背景，C 和
R 的介入程度很高，而且 C 与 R 共建知识背景的目的，是为了寻求 R 与 C 的
一致，从而进一步达到目的，即 R 购买车险。从 R 的表现来看，C 通过这种
方式较为成功地拉近了和 R 的人际距离，R 没有直接表示拒绝，而是用间接方
式表明自己的态度。在这个过程中，我们注意到一些话语标记对话题的保持和
人际距离的调节起到了重要的作用，如"我跟您（你）说""比如说""就是
说""您看""是吧""对吧"和"对（呀）"。我们将这几个话语标记分为四
类：一是具有告知信息作用的"我跟您（你）说"；二是具有解释说明作用的
"比如说""就是说"；三是具有征询意见作用的"您看""是吧""对吧"；四
是具有肯定作用的"对（呀）"。下面分别就它们在会话中的情况进行分析。

　　（1）"我跟您（你）说"具有拉近交际双方上下位距离的作用。这是会话

中常见的一类话语标记。董秀芳（2010）认为"我跟你说"是"我告诉你"在表达郑重告知意义时的变体。但是我们在这里却不能将这两个话语标记互换。作为陌生人的 C 具有一定的专业知识背景，却没有选择"我告诉你"的形式，是从拉近和 R 之间的人际距离的角度考虑的。"我告诉你"不仅可以表示信息的告知或者提醒，还可以表示警示、威胁等，从语气上看，较为郑重，在对话中多用于地位较高或者有权势的一方，听话人对说话人所说的内容往往不能质疑。因此，这一话语标记具有拉大人际距离的作用。而"我跟您（你）说"则语气较为和缓，协商意味较浓，削弱了会话内容的专业程度和正式程度，将听话人置于和说话人同等甚至略高于说话人的地位上，具有拉近交际双方人际距离的作用。

（2）"比如说"和"就是说"具有共建背景知识的作用。从意义上看，"比如说"的后续部分是具有举例性质的内容，"就是说"用来解释说明前面的话题。这两个话语标记具有明显的推进小话题的作用。在 E4－9 中 75 处，还有一个类似的"假如说"。邓瑶（2011）认为这些标记是举例标记，具有交际互动功能，可以引起听话人的注意，体现说话人对听话人的关注。我们认为，说话人对自己言说的内容反复或经常性地进行解释和举例，其目的是让听话人能够更好地理解话语内容，起到共建知识背景的作用。从 C 的交际目的来看，R 对 C 的话语理解得越透彻，双方达成一致的可能性就越高，所以从这一角度来说，C 对这类话语标记的使用，带有明显的拉近人际距离的作用。而 R 在 C 的解释说明之后，也不断地运用这类话语标记来表明自己对 C 所说的内容的理解和肯定，给 C 不断传递话题保持的信号，说明 R 已经拉近了和 C 的距离，对 C 的话语给予了信任。

（3）"您看""是吧""对吧"体现出说话人寻求一致的倾向。这些都是征询对方意见、希望得到肯定答复的话语标记，有时会共现在一个话轮中。为了寻求和听话人的一致，说话人需要在话语标记前后付出努力，说明说话人考虑到了听话人的存在，有意识地和听话人共建交际背景。

陈振宇、朴珉秀（2006）认为"你看"可以分为"你看$_1$"和"你看$_2$"。"你看$_1$"有两种情态意义：一是认识情态，二是道义情态。"你看$_2$"则不具备这两种情态。从话语标记类别上看，前者是言语活动的标记，表示询问，而后者则是话题处理的标记，表示提议。我们认为这一区别很重要。E4－9 中的两处"您看"后跟随的话语内容都是 C 对现实内容的陈述，并不需要 R 的认知，而是需要得到 R 的认可和同意，从而构建 C 和 R 对同一问题的相同看法。因此，从 C 付出的语言努力来看，这类话语标记同样是希望得到拉近人际距离的效果。

"是吧"和"对吧"出现在话轮的末尾处。它们的征询功能主要是由语气词"吧"产生的。但是在例子中，R 的回应都是一般性的反馈，没有积极性

反馈。虽然在 R 使用了"是吧"后，C 使用了积极性反馈，但这一反馈，仍
是对"是吧"前面的内容进行肯定。所以我们认为处在话轮末尾的"对吧"
"是吧"征询意义极弱，肯定意义强烈。从肯定语义的指向上看，指向"对
吧""是吧"之前的同一话轮内的内容。梁丹丹（2006）认为会话中，"对
吧""是吧"在末尾位置上属于疑问项，和其他位置上相比，疑问程度最高。
判断的标准是听话人是否插入话轮，插入话轮就表明将"对吧""是吧"处理
为疑问项，反之就不是疑问项，对这一类不是疑问项的归属问题，梁丹丹没有
进行说明。我们认为，非疑问项的"对吧""是吧"出现在话轮末尾，是表达
肯定意义的。也就是说，它的疑问意义是最弱的，几乎没有。由于听话人不争
夺话轮，通常表现为支持性反馈，因此，可以说它是说话人努力构建和听话人
之间的共同背景较为成功的话语标记。我们把它称为自我肯定项，位于"对
吧""是吧"的疑问程度序列最末端。

（4）"对（呀）"在话轮开头具有提醒听话人注意、保持话题的功能。在
E4 - 9 中，"对（呀）"出现在听话人产生一般支持性反馈的后一话轮。说话人
注意到了听话人采取的反馈形式，从会话介入程度上看，听话人的介入程度不
高，因此说话人采用"对（呀）"来提醒听话人注意，同时对说话人话题的展
开具有接续作用。因此，这一话语标记同样具有调节人际距离的作用。

4.3.3　话题控制框"……的话"

在 E4 - 9 中，C 在话轮层面对话题的控制，主要体现在话题控制框"……
的话"上，这个框架包括"这样的话""那样的话""NP 的话""VP 的话"
以及一些扩展结构，如"像 NP 的话"。这个框架中的"话"并不是一个有实
在意义的名词，和"你怎么能说出这样的话"中的"话"并不一样。因此，
"……的话"有两种用法：一是"话"表示实在意义的话语，指的是说出来的
现实存在的话语；二是表示如果这（那）样的情况发生，也就是一种假设的
情况，是非现实意义的结构，"话"已经虚化，其意义等同于"的"前面的内
容。我们要讨论的是第二种情况。江蓝生（2004）论证了"……的话"是
"说 NP/VP 的话"的话题化产物，指出它是跨层次的非短语结构，NP/VP 和
"话"构成了同义，这个话题框架在话语的层面上完成了词汇化的过程。我们
在会话中考察这一话题标记可以更清楚地看到它在话语层面上的功能。

（1）推进句子层面的话题，进一步构成语篇的话题。"……的话"表示假
设情况的存在，后续的内容往往是对假设情况发生后的一种推测。因此，这个
话题框架在句子层面起到了承前启后的作用。从语篇层面看，"……的话"频
繁出现，NP 或 VP 常常是对前面陈述内容的整体概括或者局部强调，凸显了
句子层面的话题，这些话题连同假设情况出现后的推测，在篇章层面上形成了

链式或网式的话语组织，从而将篇章话题凸显出来。因此，从篇章意义或者会话的意义看，这一话题框架具有很强的话轮组织功能。

（2）不断提醒听话人注意，共建交际的知识背景。从信息传递的角度看，"……的话"框架里的内容是说话人想要强调的信息，想提高听话人对话语内容的关注度。之所以采用带有假设意义的框架而不是其他陈述性的话语，我们认为这和这一框架在推动交际互动方面起到的作用分不开。在句子主题的推进过程中，说话人有强烈的控制话轮倾向，话语内容如果采用陈述方式或命令方式，则会语气生硬，带有强制性，显示出说话人的强势，会加大双方的人际距离。而用假设来说明情况，则语气委婉，更易于让人接受所说内容。从这一角度看，这一话题框架，在信息传递和接受上，具有拉近双方人际距离的功能。我们再来看 E4-10 中"……的话"，其所起的交际互动功能更为明显。

E4-10（TSF）

20 R：你现在不是在星海音乐厅的门口吗？

21 C：→是呀，是呀，我在这边，后边不就是这个珠江嘛，我要过大桥的话，不要往南走？

22 R：哎，对对对，过去，过去但是（·）是从广州大桥上面过。

23 C：哦，广州大桥是吧？

24 R：→你从音乐厅出来的话，往那个东，往东开的话呢，它就会指示你，就是往广州大道走的那个路，呃，然后的话，

25 C：哎，

26 R：上了桥，

27 C：客村，

28 R：对对对，客村，广州大道南这个方向，呃，

29 C：哦，

30 R：→然后的话，上去的话，你就走广州大道南，走南环高速，就是最快的回桂城的路。

31 C：哦，直接就开到南环高速了，是哇？

32 R：对呀，就是走到洛溪桥这边就上了南环啦！

33 C：啊，好好好。

34 R：→啊，因为你走另外一边的话，就其实也蛮兜远的，就等于是走市区了嘛，走芳村那边的话，就等于走市区比较多。

35 C：多哈，

36 R：→对，就不如走这边的话，那个，车也不太会堵。

37 C：嗯，好。

38 R：这个是最近的。

39 C：好。

通过对 E4-9 和 E4-10 进行比较，我们认为当作为陌生人的 C 在话题的保持上既想控制话轮又想削弱控制听话人的倾向时，使用"……的话"来组织语篇能够使听话人在平等较近的人际距离下与 C 共享信息。

4.4 话题的转换和结束

4.4.1 话题转换的分类

我们先以 E4-11 和 E4-12 为例说明话题转换的分类。

    E4-11（YQMR）

01 C：（（铃声））

02 R：（（接通））喂？

03 C：喂？（（粤语））小姐你好啊！哎，我姓陈嘅，系（×××）致信畀你嘅。

04 R：TP_1→是什么？能不能讲普通话呀？讲慢一点。

05 C：TP_2→哦，可以。可以可以。那（·）不好意思，小姐，我说太快了哦。是这样的，我是姓陈的，是代表欧亚美这边致电联系小姐您的。那这次联系小姐您呢，是为了庆祝我们广州旗舰店，（×××）开幕，所以我们会送您专业的美容免费给小姐您体验的。想请问一下小姐您平时经过地铁站或者是公交车站，有没见过我们旗舰店的广告呢？

    E4-12（XSHYP）

03 C：喂，L 老师？

04 R：哎，你好。

05 C：呃：我是蓝点文学社的 HYP。

06 R：嗯。

07 C：TP_1→哦，［我这两天］

08 R：F→［怎么呢？］

09 C：TP_1→就是呃，我们下星期四要开一个总结大会。

10 R：TP_1→嗯。

11 C：TP_1→＞然后就是那个社联要求我们要做一个呃，说那个，策划书这样子，要老师签名，然后他签名之后，又要批复，所以那

> 时间比较久的话，就能不能呃，请你叫中文系的一个老师帮
> 忙代签一下＜。

12 R：TP$_2$→呃，你慢点说，它是要求干什么？

13 C：TP$_2$→对不起。

14 R：TP$_2$→呃。

15 C：TP$_1$→是要求指导老师呢，要在策划书上面签，签字。

话题的转换往往伴有预示语（顾筝，2005），如 E4 – 11 中 05 里的"是这样的"，E4 – 12 中 07 里的"哦"，也可以没有任何标记，如 E4 – 4 中 TP$_2$ 和 TP$_3$ 之间的转换；可以在话轮内转换，如 E4 – 11 的 TP$_2$，也可以在话轮间转换，如 E4 – 12 的 TP$_1$ 和 TP$_2$；可以由前一个话题的说话人发起，也可以由听话人发起，如 E4 – 11 和 E4 – 12。按照前一话题是否结束，可以将话题的转换分为插入式转换和完整转换，如 E4 – 11 中 C 已经启动了核心话题，而 R 由于没有听清，而插入了一个外围话题，要求 C 重复话题，C 在重复了话题后，TP$_1$ 才完成启动。从转换方式上看，我们没有发现明显的差异。

一般来说，一个会话至少有一个核心话题，具有两个或两个以上核心话题的会话常见于日常闲谈。在我们的语料中，只有 TSJ 和 SMLY 有两个核心话题，其他会话都只有一个核心话题。但是除了核心话题外，会话中往往还会出现边缘性话题和外围话题。因此这三类话题如何实现转换、实现成功与否、效果如何是我们在考察语料时关注的问题。

4.4.2　话题转换的类型

4.4.2.1　外围话题转到边缘性话题，再转到核心话题

根据图 4 – 2，我们看到在一个会话中，这三种类型的话题可以同时存在并且不断转换。但这种类型的会话在我们的语料中只有三例，且只发生在非机构性会话中，交际对象是 R 的同事和 R 的师妹。由于会话的时间较长，我们对例子中的话轮进行了部分省略，以便看清整个会话的话题转换情况。

　　E4 – 13（SMLY）

05 C：TP$_1$→在干嘛？

06 R：TP$_1$→哦，没有，刚睡起来。

07 C：TP$_1$→（hehehe）呃：哦。

08 R：FD→呃，怎么？

09 C：TP$_2$→我今天去见导师啦，

10 R：TP$_2$→啊。

11 C：TP$_2$→他可能最近都在吧应该。

12 R：TP$_2$→啊。

13 C：TP$_3$→嗯。然后我跟你说，我准备元月五号，我们准备元月五号在
佛山那边摆酒，

···········

29 C：TP$_3$→我很想你去参加呀！

30 R：TP$_3$→呃：：，（hehehe），对不起哦，哎。

31 C：TP$_3$→啊，那你那你，看一下他，要是有时间就过去了，我到时候
给你说一下在哪里。应该就是从你们家那里开车过去就是可
能＝

32 R：TP$_3$→　＝呃＝

33 C：TP$_3$→　＝二十多分钟吧。

34 R：TP$_3$→对，我知道，肯定不远。但是呢，因为我开不了车，我老公
呢要上班，就是恐怕就：，要是我去的话，就只能去坐地铁
之类那样子。＝

35 C：TP$_3$→＝啊，那太麻烦了。

···········

39 C：TP$_3$→嗯。

40 R：TP$_3$→嗯。

41 C：TP$_4$→［哎，（××）］

42 R：TP$_4$→［哎，那你是：］五号想请老师过去，是吧。

43 C：TP$_4$→啊，对，我跟他说啦。

44 R：TP$_4$→哦。

45 C：TP$_4$→嗯，然后他说可以，他到时候尽量过去。

46 R：TP$_4$→哦，这样子啊。

47 C：TP$_4$→啊。

48 R：TP$_4$→哦。

49 C：TP$_5$→所以：，我就觉得要不（·）因为他最近一直都在，要不就
我们，就是完了以后还是说，你觉得在这个前面，还是说在
这个后面。就是我们跟导师＝

50 R：TP$_5$→＝唔：：，＝

51 C：TP$_5$→＝一起吃饭。

52 R：TP$_5$→哦，那就，不是因为老师能去你那里的话，其实就不必再那
个那啥啦，（0.2）那要不我看看晚上给他打个电话吧。
（0.5）看看怎么说。

53 C：TP$_5$→啊。

54 R：TP$_5$→对。

55 C：TP$_6$→啊，因为我今天跟他说了，我也觉得（h），是我今天去请他
          签名，

…………

81 C：TP$_7$→可以，啊，可以。我还想到时候他过去的话（·）让他就是
          （·）代表我这方讲几句话呢，

82 R：TP$_7$→呃呃，对呀，应该的，=

83 C：TP$_7$→=他说他可以。（hehehe）

84 R：TP$_7$→呃。

85 C：TP$_7$→呃。

86 R：TP$_8$→就晚上吃吗还是中午的。

87 C：TP$_8$→呃：，晚上六点。

88 R：TP$_8$→哦=

…………

106 R：TP$_9$→那是。啊，像这样。（0.3）嗯，那行，没关系的啦，我看看
          那个呃，呃：，但是那，我就是一定要给他打个电话。跟他
          讲一下。

107 C：TP$_9$→嗯。你给他打电话是吧=

…………

112 R：TP$_{10}$→嗯，好，行，那他：，你是什么时候见他的？

113 C：TP$_{10}$→我？

114 R：TP$_{10}$→呃，

115 C：TP$_{10}$→今天早上。

116 R：TP$_{10}$→早上见的，哈。

…………

122 R：TP$_9$→嗯，行啊。我试试给他（·）跟他联系一下喽。

123 C：TP$_9$→呃呃，好好好。

124 R：TP$_9$→好啊。

125 C：TP$_{11}$→那有什么我们再联系哈。

126 R：TP$_{11}$→哎，好啊好啊，行。

在 E4-13 中，会话话题呈现出渐进渐出的状态，整个会话的核心话题有两个：TP$_3$ 和 TP$_5$，其中 TP$_5$ 有两个从属边缘性话题 TP$_4$ 和 TP$_6$，TP$_6$ 还有一个从属边缘性话题 TP$_7$，这几个话题不在同一层次上，TP$_9$ 还有一个从属边缘性

话题 TP_{10}。我们用 O 表示外围话题，E 表示边缘性话题，C 表示核心话题，那么整个会话话题的结构如图 4 – 3 所示。

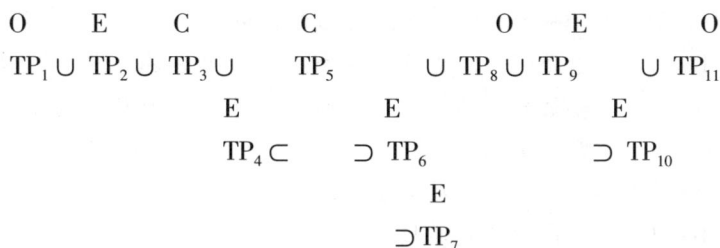

$$
\begin{array}{ccccccc}
O & E & C & C & & O & E & O \\
TP_1 \cup & TP_2 \cup & TP_3 \cup & TP_5 & & \cup TP_8 \cup & TP_9 & \cup TP_{11} \\
& E & & E & & & E & \\
& TP_4 \subset & & \supset TP_6 & & & \supset TP_{10} & \\
& & & E & & & & \\
& & & \supset TP_7 & & & &
\end{array}
$$

图 4 – 3　SMLY 的话题类型结构图

此外，E4 – 4 也是三种话题依次过渡的情况，外围话题（$TP_1 \cup TP_2 \cup TP_3$）转到边缘性话题（TP_4），再转到核心话题（TP_5），在此不再赘述。

4.4.2.2　外围话题直接转到核心话题

从外围话题直接转换到核心话题的会话常见于机构性会话，如推销员类的 E2 – 19、学生类的 E4 – 1 和 E4 – 12、同事类的 E4 – 2 和 E4 – 10。在这些会话中，既有客观性的外围话题，也有主观性的外围话题。总的看来，外围话题的话轮数少，内容简短。从外围话题转换到核心话题都是采取直接转换。我们认为，客观性外围话题没有调节人际距离的作用，主观性外围话题是说话人想要拉近人际距离的言语努力，但是从效果上看，只是起到了表达对 R 的礼貌和尊敬的作用。事实上，在 C 和 R 人际距离较远的情况下，许多围绕 R 的个性化的外围话题难以发挥作用，比如询问 R 的近况、对 R 表达关心等，因此语料中，这类转换的会话数量也很有限。

我们再看一例比较特殊的外围话题向核心话题转换的情况。

E4 – 14（TSC2）

01 C：（（铃声））

02 R：（（接通））

03 C：TP_1→喂，阿芳，吃了没有啊？

04 R：TP_1→哎，正在吃呢。

05 C：TP_1→哦：。你在吃是吧。

06 R：FD→怎么？

07 C：FD→那个呃：

08 R：FD→你说。

09 C：TP_2→我问一下你那个，他那个普通话证，就普通话那个证呀，是哪里发的呀。

10 R：TP₂→什么普通话？

11 C：TP₂→<u>普通话测试</u>那个。

12 R：TP₂→嗯，普通话测试（0.2）你是说：，问题你，你：=

13 C：TP₂→=测试之后那个证在哪里发的。

14 R：TP₂→它是呃：，高校的这个是由那个广东省语委，语言文字工作委员会管的，广州市的就是市里，市语委管的，关键看你在哪里报名。

15 C：TP₃→它，它不是在学校发的吧？

16 R：TP₃→不是，不是学校发。

17 C：TP₃→就是学校它组织搞：=

18 R：TP₃→学校是负责组织、负责考，就是说组织老师过去考试，但是最后的那个证，往下发的话呢，实际上是要通过省语委，然后呢，才能把那个证转给学校。是这样的。

19 C：TP₃→嗯，

20 R：TP₃→嗯。

21 C：TP₄→那现在是不是每年都考一次还是：：

22 R：TP₅→呃，HS 这边现在已经暂停了啦。

23   （0.5）

24 C：TP₅→哦，暂停啦。

25 R：TP₅→嗯，对。HS 这边没得考了，要考的话，只能到别的学校喽，像什么 GZ 大学呀，还有那个 –

26 C：TP₅→怎么暂停呀，还有很多学生考的。

27 R：TP₅→是。但是呢？因为设备的问题，现在全部要改成机器考了嘛。

28 C：TP₅→哦。

29 R：TP₅→所以 HS 这边的设备可能没有过关，然后现在要考的话，HS 的学生现在自己去考的话，都要出去到外面去考。

30   （1s）

31 C：TP₆→那它那个，现在那证能不能买的呀？

32 R：TP₆→恐怕比较难。

33 C：TP₆→嗯。

在 E4 – 14 中，C 是 R 的同事，因此一开始使用了常见的熟人间的外围话题——吃饭。但是恰巧 R 正在吃饭，那么从社交规则来说，打断 R 而继续进行谈话的话显得不够体贴，但如果结束谈话，那么势必要等一段时间，因此 C 处在了两难境地，只好在 05 处用重复的方式表达自己的犹豫。由于 C 是 R 较为熟识的同事，R 并不介意 C 违反社交规则，因此主动发起话题源，诱导 C 启动话题。C 在得到 R 的许可信号后，开始话题，但并不是核心话题。事实上，在这部分会话中，核心话题一直没有出现，而是由若干个边缘性话题共同构成。在 12 处，R 试图转换到核心话题，但没有成功。根据后面内容，我们可以知道，C 的目的是想得到相关信息来判断取得证书是否有捷径。R 直到 TP_6 结束才猜测出 C 的用意，而 C 直到话题结束也没有说出核心话题。所以，从话题结构上看，核心话题在会话中并没有明确的表述，这是一个由边缘性话题共同组成的核心话题（见图 4-4）。这反映了熟识关系在会话过程中产生的拉近—维系倾向。

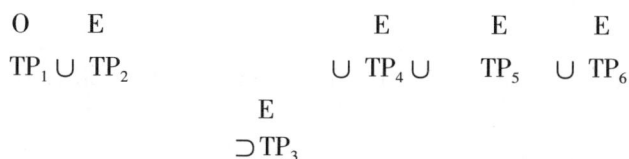

$$O \quad E \qquad\qquad E \quad\quad E \quad\quad E$$
$$TP_1 \cup TP_2 \qquad\qquad \cup TP_4 \cup \quad TP_5 \quad \cup TP_6$$
$$E$$
$$\supset TP_3$$

图 4-4 TSC2 的话题类型结构图

4.4.2.3 核心话题转到边缘性话题

从核心话题转到边缘性话题是最常见的机构性会话中的类型。一般情况下，边缘性话题是作为会话结束的标记出现的。

E4-15（YQSY）

14 R：$TP_1 \rightarrow$ ＝哎没有时间，［不好意思。］

15 C：$TP_1 \rightarrow$ ［（××××）］，＝

16 R：$TP_1 \rightarrow$ ＝没时间。

17 C：$TP_2 \rightarrow$ 没关系，下次有时间再通知您参加好吧?

18 R：$TP_2 \rightarrow$ 好的好的。

19 C：好，再见。

20 R：好。

在 E4-15 中，16 处 R 的回答已经表明了核心话题的结束。C 为了挽回被拒绝的面子，同时也是为了能够和 R 拉近人际距离，在 TP_2 中以提供服务作为会话的结束。这种类型的话题转换在所有的推销员类会话中都会出现，是一种典型的维护面子、拉近人际距离的手段。有时候 R 也会因拒绝对方而感到歉意，或因对方提供服务而表示感谢，这作为外围话题插入了 C 发起的边缘性话题中，如 E4-16。

E4-16（YQTP1）

26 R：$TP_1 \rightarrow$ 对呀。

27 C：TP₂→哦。那这样子的话：，那下次我们公司再有类似的活动的话，再首先邀请您啦哈。

28 R：TP₃→对呀。啊，对，谢谢你，真不好意思啊。嗯。

29 C：TP₃→嗯，好，没事没事。

30 R：TP₃→嗯。

31 C：TP₂→＞那这样子，下次有类似活动一定第一时间通知，给您电话＜。＝

32 R：TP₂→好的，谢谢。嗯。

33 C：TP₂→好的，好的，好的。

一般来说，边缘性话题出现的数量少，范围也很有限。但也有例外，如 E4－16。

E4－17（4STM2）

07 C：TP₁→您的（·）您的那个车子的年审已经回来啦！

08 R：TP₁→回来啦。哈。

09 C：TP₁→对呀，可以叫您老公过来这边开回去啦。

10 R：TP₁→呃：：：，恐怕他（·）过不去，今天。

11 C：TP₁→今天过不来？

12 R：TP₁→嗯，对，刚刚打电话说现在还有点事情忙，走不开。

13 C：TP₁→哦：：，这样子，那没关系呀，那你明天过来 [或者] 什么时候过来？

14 R：TP₁→ [对呀]

15 R：TP₁→看样子只能明天了。（0.8）他明天可能就到时候再给你打电话吧。＝

16 C：TP₁→＝好呀，＝

17 R：TP₂→＝你明天在吧？啊？

18 C：TP₂→我明天也有上班的。你留我的电话给他就可以了。

19 R：TP₂→啊，那行，那行。好，[好]。

20 C：TP₃→对，知道我们办公室吧？]

21 R：TP₃→知道，知道。昨天他都去 [过的]。

22 C：TP₃→ [好呀]

23　　（1s）

24 C：TP₃→ [好呀，好呀。＝

25 R：TP₃→ [嗯：]。

26 C：TP$_4$→ = 那就稍后过来的话再联系。

27 R：TP$_4$→哎，行啊，好的。

　　在 E4 - 17 中，核心话题是 TP$_1$，讨论取车时间，16 处 C 的回答表明核心话题结束，这时 R 提出了边缘性话题 TP$_2$，想确认 C 第二天是否在店里，C 接着又提出边缘性话题 TP$_3$ 和 TP$_4$，这时会话才进入结束阶段。在这个会话中，核心话题后出现了三个边缘性话题，是比较特殊的一例，而这些边缘性话题对核心话题起到了补足信息的作用，同时也满足了 R 的需求，从效果上看，边缘性话题的增多也有利于交际双方拉近距离，营造和谐积极的会话环境。

4.4.2.4　核心话题转到外围话题

　　从核心话题向外围话题的转换常见于具有熟识关系的非机构性会话中。如 E4 - 18。

　　　　E4 - 18（TSF）

36 R：TP$_1$→对，就不如走这边的话，那个，车也不太会堵。

37 C：TP$_1$→嗯，好。

38 R：TP$_1$→这个是最近的。

39 C：TP$_1$→好。

40 R：TP$_2$→啊，啊，刚欣赏完音乐会呀？（hehehe）

41 C：TP$_2$→没有，来了几个朋友，

42 R：TP$_2$→哦。（hehehe）

43 C：TP$_2$→来看一看，我带他们去看一看。

44 R：TP$_2$→呃：。这样子。 =

45 C：TP$_3$→ = 在家呢？

46 R：TP$_3$→对，我在家呢！

47 C：TP$_3$→哦，

48 R：TP$_3$→没什么。

49 C：TP$_4$→哦。谢谢。

50 R：TP$_4$→啊？没事没事，啊，好咧。

51 C：TP$_5$→（××）可以了吧？

52 R：TP$_5$→啊，啊？（（噪音））

53 C：TP$_5$→我说现在成长得可以了吧？

54 R：TP$_5$→成长得可以，现在比那个刚开始已经重了有十斤啦！

55 C：TP$_5$→哇，这么厉害！

56 R：TP$_5$→（hehehe）

57 C：TP$_6$→那有衣服吗？

58 R：TP$_5$→（hehehe）后面估计，

59 C：TP$_5$→正常。

60 R：TP$_5$→后面还得再重啊，哎呀。

61 C：TP$_5$→没事，没事，好。

62 R：TP$_5$→好的。

63 C：TP$_5$→好，

64 R：TP$_5$→行，

65 C：TP$_5$→好。

66 R：TP$_7$→那你开车注意点。

67 C：TP$_7$→好的。

在 E4 – 18 中，C 得到了 R 提供的道路信息，核心话题在 39 处就结束了，但是 R 发起了外围话题 TP$_2$，接着 C 发起了外围话题 TP$_3$、TP$_4$ 和 TP$_5$，TP$_6$ 由于没有得到 R 的回应没有完成，在 TP$_5$ 结束后，R 又寻找到了外围话题 TP$_7$，这时整个会话进入结束阶段。我们看到在熟识关系下，外围话题具有良好的拉近双方人际距离的作用。在中国文化传统中，个性化的外围话题包含着各种各样的嘘寒问暖，体现出说话人对听话人的关心，是双方维系较近人际距离的良好的润滑剂。

但是，在陌生情况下，个性化的外围话题，则会引起 R 的戒备从而失去维系感情的作用。我们看 E4 – 19 中不成功的话题转换情况。

E4 – 19（BXTP）

101 C：TP$_1$→像您这辆车呢，都是您在开还是您 –

102 R：TP$_1$→ = 我（·）我，我们两个人开。

103 C：TP$_1$→都开。

104 R：TP$_1$→嗯，对。

105 C：TP$_1$→其实这辆车都是在省内开，就经常在这个广东啊，这个广州开，［是不是。］

106 R：TP$_1$→［对，对，基本上是在，对。

107 C：TS→那您那个：=

108 R：TS→ = 没有。

109 C：TP$_2$→广州本地人吧。

110 R：TP$_2$→不是。

111 　　　→（2s）

112 C：TP_2→啊，哪里的呀？

113 R：TS→呃，但是我们是在广东省内开的。

114 C：TS→哦，基本上都是在广东省内开的。 =

115 R： = 对，对。 =

116 C： = 对吧。

117 R：对。

在 E4 - 19 中，TP_1 是核心话题，围绕车险保费问题展开，但在 107 处 C 想要提出新的子话题，出现了预示语，而 R 误以为话题会紧接着上一话轮的内容，抢先回答了"没有"。之后，C 发起了一个外围话题 TP_2，这个话题是个性化的外围话题，C 预测 R 会给予一个肯定回答，但结果相反，使得 C 有些不知所措，出现了沉默空当，仓促地对 TP_2 继续展开，这时候，R 推测出 C 发起 TP_2 的目的有可能与 TP_1 相关，因此将话题转换到 TP_1。由此我们看到，作为陌生人的 C 在和 R 传递专业知识的过程中，本想将涉及个人信息的话题作为边缘性话题提出以达到共建知识背景的目的，却由于这一话题的敏感性使 R 拒绝回答 C 的追问，从而产生了拉大人际距离的负面作用。R 出于维护对方面子的考虑，对话题进行了补救，使得会话继续进行。从会话效果来看，C 的话题转换不仅不成功，还起到了相反的效果。

4.4.3　话题的结束

我们在第 3 章讨论了会话结束部分的结构特点。其中话题终止序列是整个会话进入结束阶段的预示，也是话题结束的标记。话题的结束我们可以通过两个方面来判断：一是说话人不再就这一话题发起子话题或者小话题，不再有保持话题的倾向；二是听话人不回应说话人发起的话题，或者回应话题时，不再有保持话题的倾向。

沈家煊（1989）认为，如果将对答作为会话的一种基本单位，就能在一定程度上摆脱会话的具体内容来描写会话的结构，那么，会话结构就可以看作一系列问答的组合。机构性会话的突出特点是信息背景的共建，因此从话题上看，询问与回答的内容很多是设计好的结构。因此，提问和回答的技巧有可能是构建和调节双方人际距离的一种途径。但是，语料显示，提问和回答的形式主要有两种，它们在不同的人际距离倾向中，都出现过。具体如下：

（1）Q—A 式。Q—A 式指的是由一问一答构成的最简形式。Q 和 A 之间存在相邻对的特征，即在言语行为上具有匹配性，如问候—回应（E4 - 12 中的 TP_1）、致歉—回应（E4 - 1 和 E4 - 2 中的 TP_1）、询问信息—提供信息（E4 - 10 中的 TP_1）等。当然也有例外情况，Q 和 A 之间没有关联，但不影响会话的继续, 如 E4-4 中的 TP_1 和 TP_2。一般的外围话题和边缘性话题多会采用这种形式来完成, 所以如果问、答之间有关联, 而且回答后没有再提出新话题, 那么这个话题就意味着结束。Q—A 的扩展形式是 Q_1—A_1—Q_2—A_2 式。Q_1—A_1—Q_2—A_2 式是由连续的问答构成的, 第二个问题的启动可以是第一个问题的回答, 也可以是对 Q_1 的延伸, 因此形成一个链式结构。这是话题延续最常见的形式。一般来说, 外围话题和边缘性话题的延伸和结束多采用这样的方式, 当 A_2 回答结束后, 如果没有启动新话题, 那么这一话题就宣告结束了, 如 E4-16 中的 TP_5 和 E3-22 中的 30-37 部分, 外围话题和边缘性话题的延展和结束分别由多个相邻对构成。从对话题结束进程的控制来看, Q 的发起者往往具有优势, 但人际距离的倾向却并不明晰。根据语料, 大部分的机构性会话中, Q 的发起者都是 C, 这可能与打入电话这一类型相关。

（2）Q—A—Follow-up/Summary 式。Q—A 的不断延伸也是保持核心话题的基本方式, 但是核心话题的结束形式, 和边缘性话题、外围话题有所不同。我们通过比较发现, 推销员类的会话基本上只有一个核心话题, 在核心话题结束的时候, 通常有对核心话题的后续安排（follow-up）或者总结（summary）, 它们常常出现在话题终止序列和前结束序列中（参见第 3 章）。由于我们的语料都是打入的电话, 核心话题的发起者是 C, 因此通常也是由 C 发起后续安排或者总结, 如 E3-19 中 b 部分, C 对核心话题做了一个后续安排, 即提议（offer）, 那么核心话题也就结束了。但是也有由 R 发起的后续安排或者总结, 如 E3-17 和 E3-18 中的 a 部分就是由 R 对核心话题做出后续安排, 这和交际者之间的人际距离有关, R 是教师, 拥有对话题处置的优势。因此, 谁来发起后续安排或总结往往取决于交际双方的静态人际距离。

4.5 小 结

本章主要探讨了不同的人际距离倾向下交际者对话题的导入、保持和结束。由于话题涉及交际双方信息的传递, 因此调节人际距离的手段较为隐蔽。从信息的角度来看, 在会话的过程中, 交际双方必须共建背景知识, 否则会话很难顺利进行, 双方介入的程度将影响共建的程度。而双方介入程度越高, 双方的背景知识构建就会越充分, 取得一致的可能性就越大, 双方人际距离趋近的倾向就越明显。反之亦然。同时, 由于会话话题受到交际双方的社会文化背景以及静态的人际距离的制约, 所以交际双方需要遵守共同的社会文化规律, 这样才能对人际距离进行动态的调节。通过分析, 我们认为, 在话题的演进过程中, 人际距离的调节主要体现在两个层面:

（1）话语标记层。这一层面和话题的保持进程紧密相关。

在构建双方共同的交际背景中，说话人需要积极运用表明听话人存在、关注听话人的话语标记。在我们的语料中，我们发现至少有四类话语标记可以起到这样的作用：一是具有告知信息作用的"我跟您（你）说"；二是具有解释说明作用的"比如说""就是说"；三是具有征询意见作用的"您看""是吧""对吧"；四是具有肯定作用的"对（呀）"。这些话语标记都具有与听话人互动、积极构建交际背景的作用，间接起到了拉近人际距离的作用。

（2）话题层。这一层面主要体现在话题的导入、转换和结束阶段。

话题导入方式的差异体现出交际者对人际距离的调节。间接导入体现出交际双方对人际距离维系或拉近的倾向。而直接导入则体现出交际双方缺乏共有的交际背景，无法从话题内容上进行调节，因此，只能采用直接导入。采用陈述方式的导入手段比询问方式更委婉，更能够拉近双方的人际距离。

不同类型的话题转换受到静态的人际距离制约，转换的频率以及所转换的话题类型体现出交际双方对动态人际距离的调控。在这一方面，静态的人际距离起到了较大的制约作用。熟识关系下，话题转换的类型有外围话题转到边缘性话题，再转到核心话题和核心话题转到外围话题两种，外围话题的出现起到了拉近双方人际距离的作用，而且外围话题转换的个数越多，越表明交际者之间人际距离拉近的倾向。陌生关系下，话题转换的类型有外围话题直接转到核心话题和核心话题转到边缘性话题两种，由于外围话题匮乏，所以陌生关系下，交际者通过话题转换进行调节的力度很弱。

在话题结束的方式上，提问和回答两种形式都不具有明显的调节人际距离的作用。话题结束的序列结构和话题类型的转换成功与否相关，因此，话题结束序列能否起到调节人际距离的作用和话题的转换成功与否相关，也就是说，熟识关系下的交际者更能利用这一手段进行调控。

总之，在话题系统中，对话题的控制受到静态人际距离的制约，不同的人际距离所能实施的调控层面存在差异。

第 5 章　反馈系统

5.1　反馈系统概述

　　一般来说，在言语交流过程中，说话人和听话人总是交替发话，特别是在只有两个交际者的情况下，他们不断地在说话人和听话人之间进行转换。当说话人在话轮中提供或展开话题时，往往会激发听话人的反应，听话人会给予言语性反馈或非言语性反馈。非言语性反馈通常有笑声、表情、手势和身姿等。言语性反馈是听话人在说话人的话语表述过程中给予的表明接收信息、理解、评价等的话语反应。判断言语性反馈的重要标准是听话人无意争夺当前说话人的话轮，只是表明自己对会话的积极参与。因此，高夫曼认为言语性反馈通常有两个功能：一是表明听话人与说话人建立的一种一致关系，表明听话人对说话人所说的内容的关注；二是这种反馈在言语结构的局部层面上获得了一定的意义，这个意义对话轮的开展具有预测作用①。具体来说，言语性反馈的功能表现在四个方面：一是维系会话者之间的接触；二是听话人对说话人所传递的信息表示收到；三是听话人对说话人所传递的信息表示理解；四是听话人对说话人所传递的信息表示态度②。表接触和表收到的功能是言语性反馈最基本的功能，表理解和表态度的功能一般需要听话人付出更多的言语努力才能实现。

　　目前国外学者对言语性反馈的界定，比较一致的看法是言语性反馈是会话结构交互作用的产物，主要由听话人使用，形式较为简短，并不包含新的命题内容，也不以夺取话轮为目的。在言语性反馈形式的划分上，范围有宽有窄。通常认为，典型的言语性反馈形式分为非词汇性形式和词汇性形式。存有争议的是虽然不提供新的命题内容但形式不固定的短语和句子。国内学者在这一点上也存在分歧。吴平（2001）认为汉语会话中的反馈信号只有语气词、实词和重复，不包括有争议性的形式。于国栋（2003）则认为不以夺取话轮为目的是支持性反馈的基本特点，根据程度的不同，可以分为一般性反馈和积极性反馈。一般性反馈只表明听话人对话轮内容已经听到，说话人可以继续话轮的

---

① 转引自于国栋. 支持性言语反馈的会话分析［J］. 外国语（上海外国语大学学报），2003（6）.
② 转引自吴平. 反馈信号研究综述［J］. 外语与外语教学，2000（3）.

内容，在形式上表现为简短的语气词。而积极性反馈可以表明听话人对说话人的赞同、评价、认可、帮助等，形式和手段灵活多样。吴平通过语料统计认为熟悉度高的交际者之间的会话，使用实词、重复等形式的反馈频率较高。于国栋同样认为支持性言语反馈的选择要受到交际者之间的地位和关系的制约。

我们认为从形式上看，不同的反馈形式能够反映出听话人反应的激烈程度，也表现出听话人的会话介入程度。如果按照于国栋的分类标准，即根据听话人对说话人的话轮构建和话语内容是否赞成，将言语性反馈划分为支持性言语反馈和非支持性言语反馈，那么每一类中都有程度上的差异。在我们的语料中，话题内容主要是信息的传递，本章探讨的反馈主要集中在话题进行过程中的反馈行为，从信息传递和话轮延续的角度来看，听话人只有采取支持性的言语反馈才能协助说话人完成对某一特定话题的开展和延续。反馈的强烈程度可以表明听话人对说话人话轮内容的关注程度，也表明听话人与说话人之间的距离。因此，我们结合形式和功能两方面，将支持性言语反馈的程度划分为一般和积极两个程度。从形式上看，最常见的言语性反馈中的语气词，如"嗯""哦"等执行的是言语性反馈最基本的功能，"是""好""对"等简单的实词和一些固定短语，可以进一步表明理解或者态度，这都是简单形式的一般性言语反馈，而语气词或实词的重叠和对说话人话轮中关键词语或句子的重复，或者是更为复杂的短语或句子等则是复杂形式的程度较高的言语反馈，能够实现听话人对说话人话轮内容的评价、帮助、赞同等多种功能。

在我们研究的语料中，不同的人际距离下，听话人采取的反馈手段和形式都有所差异。因此，我们仍以保险类的机构性会话为主要研究对象，同时比较其他类别的会话中的反馈情况。

5.2　一般支持性言语反馈

5.2.1　一般支持性言语反馈的形式

一般支持性言语反馈表明听话人对说话人当前的话轮内容已经听到，说话人可以继续话轮的内容，也可以表示程度较低的理解、认同或赞成。它是言语性反馈中的典型形式。在保险类的机构性会话中，由于身份的限制，C 拥有一定的专业知识，因此 C 通常情况下是话题的展开者，R 是听话人，所以言语性反馈主要由 R 发出。

一般支持性言语反馈的形式主要有"嗯""啊""哦"等语气词和"是""好""对"等实词以及一些固定短语，比如"这样子""没问题"。这些语气词从交际功能和分布形式上看，差异不大。从形式上看，单用的情况居多，也有合用的情况，如语气词+实词、语气词+固定短语、实词+固定短语，如E5－1、E5－2所示。

E5－1（BXYG1）

07 C：然后您说您这边要呃，您这个您这个爱人要商量。请问一下您这边，您商量得怎么样啊？

08 R：他：呃，他还是不太想投这边的，对。

09 C：哦，这样子。

10 R：b_1→呃，是。

11 C：这样。今天你们这边是哪家保（养）公司买呀。

12 R：嗯：：，正在考虑，但是想：：，看看太平洋了。或者是：呃：：看看，(0.8) 反正基本上可能还是比较倾向于太平洋吧。这样子。

13 C：他：(·) 上一年你们这边也是在太平洋 =

14 R：o_1→ = 他还是倾向于去续保，嗯，对。

15 C：哦：，这样子是吧。

16 R：r →嗯嗯。

17 C： >过去我上次也跟您说啦，咱们这个在太平洋续保肯定主要看这个售后服务对吧，您可以觉得方便这些<。

18 R：a_1→嗯。

19 C：所以咱们这个阳光，阳光也是国内七大保险集团之一，而且在理赔方面我们也是一样的呀，对吧。

20 R：a_2→嗯。

21 C： >而且针对这个（一千五项原理）案件的情况，我们这边也是免单证，双方事故的情况是由网银支付给您转到您这个账上的<。这样的。

22 R：a_3→嗯。

23 C： >而且你觉得是也是比较愉快的，您这边价格方面我相信和太平洋这边肯定价格也是差不多的是吧<。咱们理赔的服务，也可以和太平洋差不多的。

24 R：o_2→嗯，好。我再跟他说说吧。

25 C：当然没问题。像您到阳光投保的话，公司小袁也跟您说啦，咱们阳光这边会有，额外给您送出的这一个，呃，一百五十元的一个加油卡送给你们的。

26 R：o_3→嗯，对，我知道。

27 C：加油卡，>主要您在广州市或是中国境内是吧<。

28 R：a_4→嗯。

29 C：＞只要您不出国就这边您都是可以使用的，中国石油，中国石化和这个中油 BP，加油也是比较方便的，像您平时加油的话肯定是交现金对吧，现金现在都可能都一样，但是身上带着零钱对吧，您每次加也不太方便对吧＜。是这样的，您到时用这个卡就可以啦。＞咱们目前这张卡可以加油的，同时这张卡里面有一百五十元的现金直接送给您的＜。

30 R：b_2→嗯，对。

31 C：同时充值券除了这个优惠的话，您看阳光这边还会为您专门开设一个 VIP 套餐（·）＞像您这部车是需要年审的是吧女士＜？

32 R：b_3→嗯，对呀。

33 C：因为您呢，＞要是您去交或者年审的话，一是说耽误您的时间的，年审也需要这个（·）需要收取您的一些相关资料什么的是吧＜。用了您很多时间，而且嗯：费用很多。＞可能手续那些，都是比较麻烦的，今天您在我们公司办理的话，我们这边送，就可以提供一个像这样的服务，可以免费＜帮您代办这个年审。是这样的。

34 R：a_5→嗯。

35 C：＞而且您上次（·）这个车子在中途中广州市这边开（·）对吧，或者在其他市这边开，在广东省这边，只要您这个嗯嗯，这个有这样的交通违章的情况您出现了，你这边不需要您自己去交这个罚款单您只需要拨打我们的这个电话，我们这边就会有专门的工作人员给您代办，您这个交通违章＜。是这样的。

36 R：a_6→嗯。

37 C：还有，而且还有在这个套餐里面，像您平时您这个驾驶证、行驶证的变换和补办，我们也可以给您提供服务的。

38 R：a_7→嗯。

39 C：＞因为您知道这个驾驶证对吧，驾驶证都一直都是说您这个理赔的东西是吧，因为比方说您这个车，一年中出了险，您都是相对这个大的安全是吧，需要您的驾驶证复印件的对吧，如果驾驶人这方面的如果过期了是吧，您肯定办理赔这边您是办不到的，如果到时候有您这种情况的话，就是说针对，针对您这个驾驶证和行驶证，您就快要过期啦，我们这就给您提供一项服务来更换和补办的服务，也不需要您出去到到到那么麻烦是吧＜。（1s）您说我突然（·），您这边您这边再考虑一下吧。

40 R：b_4→嗯，好。

E5 – 2（BXLL1）

07 C：之前给您发的报价，您都收到了啊。

08 R：b_1→哦，对。

09 C：（hehe）因为您跟我说您出了一次险嘛，是按照正常车险报价的。=

10 R：a_1→=嗯。=

11 C：可能保费就贵一点，是那个：，发票价是三千八百三十，实收您三千四百六十的。

12 R：a_2→啊。

13 C：就是之前跟您说过这个情况，可以说如果您觉得贵，可以约定一个驾驶员，保费就会便宜点，是这样的。=

14 R：=哦，约定两个行吗？

15 C：只能约定一个（hehe）。

16 R：r_1→只能约定一个啊？

17 C：对，只能约定其一，就是如果您（·）是您开，或者是您先生开，只能约一个的。

18 R：c_1→哦，这样子。=

19 C：=而且保单合同上就会显示出来约定驾驶员的身份证。

20 R：a_3→哦，啊。

21 C：是您的，都有显示的。

22 R：c_2→哦：：，这样子。

23 C：只能选其一。

24 R：c_3→哦，这样子↓。

25 C：如果说您都是在省内行驶，您可以指定行驶区域，也可以得到优惠的。

26 R：r_2→＜指定行驶［区域］＞

27 C：＜［区域］＞

（0.2）

28 R：是吗？=

29 C：=对，就是在省内行驶，不会到省外的。

30 R：r_3→哦，不到外面去。哦：：。=

31 C：=对对对，如果说都是两个人开，就约定一个行驶区域也行。

32 R：c_4→哦，这样子。

33 C：就看您那边是什么情况。

我们看到，在关于约定驾驶员或驾驶区域的话题上，C 是话题的控制者，对话题的开展和延续起着决定性的作用，R 作为听话人，对 C 的话题内容进行反馈。具体情况如表 5 - 1 所示。

表 5 - 1　一般言语反馈的形式分布情况

形式	E5 - 1	E5 - 2	合计
a 语气词	7	3	10
b 语气词 + 实词	4	1	5
c 语气词 + 短语	0	4	4

从 E5 - 1 和 E5 - 2 的反馈情况看，听话人 R 的反馈比率分别是 0.324 和 0.3。这一结果和克莱西的调查结果接近，低于吴平（2001）的语料统计结果。

类似的情况在学生类会话中也很明显，但是由于 R 和 C 的上下人际距离，话题提出后的控制是 R 在进行，C 是反馈者，如 E5 - 3 所示。

E5 - 3（XSWF）

62 R：（hehehe）规定是这么规定的，但是现在需要变通一下嘛。

63 C：a_1→唔。

64 R：我看看，我看看的话，你这样吧，你先去帮我把那份表搞来吧。

65 C：b_1→哦，行。

66 R：搞来之后的话，我看看情况，呃，我先问一问。

67 C：b_2→嗯，好。

68 R：别的辅导员老师有没有空，帮我做事情，如果他们没空的话，就你们去跟李老师，我到时候就只能再给李主任打电话啦，就这样子。

69 C：b_3→嗯，好。

70 R：嗯，好吧？

71 C：r→嗯嗯，［好好。］

72 R：［先帮我搞那个表来吧。

73 C：a_2→哦。

74 R：然后发到我邮箱的话，你就通知我一声好吧？

75 C：a_3→哦。

5.2.2　一般支持性言语反馈的功能

一般支持性言语反馈的形式较为简单，因此在语义上体现并不明显，更多的是功能意义。我们认为一般支持性言语反馈具有以下三个功能：

（1）表示接收到对方发来的话语信息，但不发表任何意见；

（2）表示自己的注意力在对方的话轮上，鼓励对方继续持有话轮；

（3）表示意义微弱的肯定、同意或接受等。

因此，从会话的介入程度来看，一般支持性言语反馈表明听话人并不积极介入，在共建双方交际背景知识方面处于被动状态，不具有主动调节人际距离倾向的作用。

5.3　积极支持性言语反馈

5.3.1　重复

重复包括形式的重复和意义的重复。形式的重复指的是语气词或实词的重复，或者是对说话人话轮中某些关键性词语或句子的重复；意义的重复指的是对说话人话轮意义进行局部或整体的重复。

5.3.1.1　语气词或实词的重复

语气词和实词都可以重复，一般是重复两到三次，一般停顿较少，语气连贯，我们在例子中用 r 表示重复，用阿拉伯数字表示在该例中出现的次序。

　　　　E5－4（TSJ）

52 R：对，前期的话，是比较危险的，这个这个时期嘛。

53 C：r_1→嗯，对对对。＝

54 R：＝对。＝

55 C：＝反正我现在就是::一不上课就跟那个 David 请假，就回来休着呗。

56 R：r_2→哎对对，对对对。尽量别跑。

57 C：r_3→对对对。

58 R：r_4→啊啊。

59 C：r_5→对对对，

60 R：啊。

　　　　E5－5（SMLY）

14 R：哦！你跟你老公在那边摆酒（·）是吧。

15 C：r→啊，对，对，对。

16 R：啊！

　　　E5－6（TSF）

31 C：哦，直接就开到南环高速了，是哇？

32 R：对呀，就是走到洛溪桥这边就上了南环啦！

33 C：r→啊，好好好。

　　我们看到，以上三例中，"对""好"在重复的过程中往往没有停顿，如果插入停顿，则强调意义更为强烈。在我们的语料中，实词重复的频次比单音节语气词重复的频次多。单音节语气词重复的次数多为两次，没有出现三次或者以上的情况。实词重复的次数多为三次。在实词重复的例子中，实词常常和语气词共同出现。对于这种共现，我们认为，由于单音节语气词表示的肯定语气十分有限，即使采用重复手段也难以达到表明对前一话轮的态度的目的，所以使用实词重复的办法可以有力地表明态度，加强和对方话轮的联系。

　　　E5－7（YQTP1）

31 C：>那这样子，下次有类似活动一定第一时间通知，给您电话<。=

32 R：好的，谢谢。嗯。

33 C：r→好的，好的，好的。

34 R：嗯，

　　　E5－8（XSWF）

82 R：呃，没事，反正你去［看一下喽。］

83 C：［要不你（·）明天再发给你，好吗？老师。

84 R：r→行啊，没问题，没问题。

　　可以重复的实词形式以单音节词居多，也有类似"好的""没问题"这样的形式，如E5－7和E5－8。但从效果来看，语气的急切程度明显减弱，表明态度的意味也不如单音节词重复来的强烈。

　　　E5－9（BXLL3）

13 C：因为上次不是给您后边发了个价格，

14 R：r$_1$→ = 嗯，［嗯］

15 C：［是按照指定行驶区域，=

16 R：= 嗯，

17 C：给您发了一个 =

18 R：$r_2 \rightarrow$ = 对对。

19 C：您说和您老公再商量一下。=

20 R：$r_3 \rightarrow$ = 对对对。是，嗯：，呃：：：

21 C：您 –

22 R：暂时先：，嗯：，怎么说呢

从 E5 – 9 中，我们看到重复体现出的强烈认同意义和 R 后面所要进行的转折意义形成强烈的对比。强烈认同对方是为了维护对方和自己的面子，从 R 的角度看，拒绝对方意味着损害对方的面子，因此在表达了强烈认同之后，通过语气词的延宕来表达迟疑，透露出意义的转折。如果我们对 E5 – 4、E5 – 5、E5 – 6 与 E5 – 9 中重复同现的语气词略做比较的话，就可以发现，处在重复之前的语气词简短，为重复做好了铺垫，而处于重复之后的语气词在声音上有延宕，提示强烈认同之后的转折。

5.3.1.2　前一话轮中某些关键性词语或句子的重复

在交际过程中，听话人还会选取说话人话轮中的某些关键性词语或句子进行重复，以凸显信息，进行强调和肯定。

　　E5 – 10（4STM3）

44 R：对呀，留（·）留个底，=

45 C：$r \rightarrow$ = 嗯，留个底。

　　E5 – 11（YQTP2）

14 C：呃，这里留的地址是##区的##：大道南###号###房，对吧。

15 R：对。

16 C：$r_1 \rightarrow$ 啊，是这个地址是吧。

17 R：$r_2 \rightarrow$ 对，就是这个地址。

18 C：哎，那麻烦我想问一下，那到时候你是和你先生一起呢，还是一个人过来呢（·）因为我们就好安排那个席位给你。

19 R：哦：，现在我还不确定哦。

20 C：$r_3 \rightarrow$ 哦，现在还不确定，［是吧。］

21 R：　　　　　　　　　　　　　［对啊。］

22 C：　　　　　　　　　　　　　［（……）］

在 E5 – 10 中，对上一话轮中词语的重复，说明 R 对 C 的强烈肯定，表明了 C 在会话中积极参与的状态。E5 – 11 中，r_1 是 C 对 14 话轮的重复，和 R 进行重复确认。R 也以重复的形式再次予以确认。r_3 也是通过重复的形式进行确认。这些形式都说明了 C 和 R 的积极参与，也释放出双方人际距离拉近的信号，因此在后面 C 又一次提出了邀请要求。

E5－12（BXLL5）

11　C：哦，那他保险买的是哪一家呀。

12　R：他是（·）他还是买了那个太平洋。

13　C：哦，那 L 小姐，指定了驾驶员还是怎样的。

14　R：呃，没有没有，什么都没有。没有指定驾驶员，也没有指定区域。

15　C：哦，就按照正常出险。

16　R：r_1→哎，对对，按照正常出险。

17　C：那保费也去到三千多了啊。

18　R：r_2→哎，有，有，三千多一点。

19　C：（……）

20　R：（hehe）不好意思。

21　C：没事，没事。（hehe）

22　R：（hehe）

23　C：下年还有机会嘛。

24　R：r_3→哎，对对对。

25　C：到时候：（·）因为我们也聊得比较好了嘛。

26　R：r_4→是呀，是呀。

27　C：到时投我这边嘛。

28　R：r_5→好啊，好啊。

29　C：（hehe）下次我一定提早跟您联系的。

30　R：r_6→哎，好的，好的，谢谢你，谢谢哈。

在 E5－12 中，r_1 和 r_2 都是对 C 话轮的重复，在重复之前还出现了语气词和实词的重复，因此强调和肯定的意味十分明确。这些重复表明了 R 对 C 的话题的强烈参与，而这个参与给后面 20 处 R 的道歉起到了明显的铺垫作用。C 为了挽回 R 的面子，加强和 R 以后的联系，发出了一系列的提议，那么 R 为了保持和 C 的人际距离，维持良好的会话氛围，对 C 的提议都采用了积极支持性反馈，通过重复来实现目的。

E5－13（4STM1）

16　C：什么时候有空过来这边办理呀？

17　R：我们打算下个星期。

18　C：r→下个星期呀？

19　　（0.2）

20　R：我看：［下星期还是－］

21　C：　　　［我看这样子］

需要注意的是，说话人对词语的重复是采用肯定语气还是疑问语气。E5 – 10、E5 – 11、E5 – 12 中的词语重复都带有肯定语气，因此起到了积极参与会话的作用；而在 E5 – 13 中 r 是疑问语气，是消极的反馈，因此出现了一个沉默空当，使会话出现了不畅。

5.3.1.3　前一话轮意义的重复

E5 – 14（4STM1）

24 R：呃∷，可能还要一周，因为下一周的话（·）↑反正要是去的话就是下周六喽，如果下周六不去的话，那就是，可能就是再下一周了。

25 C：r→哦，一般就是星期六星期天比较有空。＝

26 R：＝对对［对，］

27 C：［好的。］

E5 – 15（XSYH）

42 C：啊∷∷下午四点，四点［钟开始。］

43 R：r_1→［八号下午开始。

44 C：r_2→啊，对对。

45 R：哎∷，呃，有个几分钟就够了吧，我觉得。

46 C：啊，对。

47 R：我觉得应该可以。

48 C：（hehe）不用太长。＝

49 R：r_3→＝不用太长，太长你们念得也太辛苦啦。

50 C：对，（hehe）

51 R：r_4→啊，行，行啊，那我就看看，我准备一下喽。

52 C：嗯。

一般来说，听话人对说话人前一话轮意义的重复可以是对话轮主要内容的提炼，如 E5 – 14；也可以是对关注焦点的转移，如 E5 – 15 中的 r_1，还可以是对重复内容的说明，将隐含意义公开化，如 E5 – 15 中的 r_3。无论哪一种形式，对话轮意义的重复都意味着听话人要付出更多的言语努力，因此这也是听话人积极参与会话的一种体现。

5.3.2　其他复杂形式的反馈

其他复杂形式的反馈的类型包括句子或者短语，往往是对前一话轮进行补充、实施评价、表明态度等，我们用 o 来表示，如 E5 – 16 中的 o 是补充上一话轮，E5 – 17 中的 o_1、o_2、o_3，分别是说明、表明态度、实施评价。

E5 – 16（XSWBS5）

09 C：哦，那∷，那如果真的老师您今天（·）真的没空的话，就请你
　　　发个邮件给我吧，然后我们跟那边说明一下，只能 –

10 R：o→对呀，就是说，我把意见给你们。

11 C：行行。

E5 – 17（SMLY）

57 C：在申请书上签名。他就说<u>我</u>，他说，你∶好像这个开题没认真弄，

58 R：啊，（hehe）

59 C：你没有沉浸进去。你是不是最近在忙什么事啊？

60 R：o_1→（hehehehe）都被老师看出来了。是吧？ =

61 C：（hehehehe） =是呀。他刚好他就问我，他说你结婚了吗，

…………

67 C：然后我想都已经说到这里了，如果说他到时候去吃饭，就是去那边
　　　的话，那我就觉得说，再∷，再∶前面，我们一起吃饭？ =

68 R：o_2→ =嗯嗯，我明白。

69 C：呃，

70 R：没事。

…………

81 C：可以，啊，可以。我还想到时候他过去的话（·）让他就是（·）
　　　代表我这方讲几句话呢，

82 R：o_3→呃呃，对呀，应该的， =

　　人类理解语句的过程是一种信息加工的过程，人脑处理语句的能力是有限的。如果把一般性反馈的简单形式看作完成支持性言语反馈的基本能力，那么积极性反馈运用的形式就比较复杂，需要更高的语言能力来完成，交际者在交际过程中付出的努力比较大，这需要带有强烈目的的心理驱动才能实现。因此，我们认为，在一个会话中，如果积极性言语反馈的形式出现的频率越高，那么交际者对话题的参与度越大，双方取得一致的可能性也越大，同时体现出双方人际距离相近的倾向。

5.4 小　结

　　认知语言学认为，语言的相似性是感知到的现实形式与语言成分及结构之间的相似性，也就是说语言符号及其结构序列的能指和所指之间的联系有着非任意的、有理据的、可论证的属性。按照吉沃的界定，数量相似性（quantity iconicity）指的是：意义越多，越不易预测，越重要，形式就越多。这条规则有两种典型：一种是语言形式的复杂程度，另一种是词法和句法构造中的重叠（重复）现象①。这条规则也可以理解为语言表达式具有的数量相似性，也反映在语言符号的长度上，长度越长，那么表达的意义就越强烈。反馈形式和手段的选择同样反映了这一点。

　　通过对语料中的反馈形式进行梳理和分析，我们认为，在反馈过程中，听话人采取什么样的态度对待说话人的话轮是十分关键的。支持性的反馈能够使说话人继续持有话轮，体现听话人对说话人的礼貌和尊重，还可以体现听话人与说话人之间的人际距离倾向。形式上的差异表明支持程度的强弱，这又体现出听话人所付出的语言努力。具体体现在：

　　（1）一般支持性反馈项目的调节作用微弱。形式简单的语气词和一些实词在作为反馈项目时，所能表达和体现的意义与功能十分有限。即使是采取合用形式，在表达上也不及复杂的积极支持性反馈形式。

　　（2）积极支持性反馈项目的调节作用明显。重复和复杂的短语或句子是积极性反馈的主要形式，能够体现出听话人对话轮内容的理解和重视，以及与说话人共同构建背景的强烈要求，从而体现出听话人对会话的积极参与程度，显示出拉近彼此人际距离的倾向。

---

①　转引自吴为善. 认知语言学与汉语研究［M］. 上海：复旦大学出版社，2011：206.

第6章 结 语

6.1 结 论

人际距离的产生源于人际交往的需求。根据马斯洛的需要层次理论,人类在满足基本的物质需要之上,还需要精神的满足,需要与他人交往,获得尊重,实现自我。因此,在人际交往中,人们根据需要来调节人际距离,这就需要借助语言来完成。恰当、准确、巧妙地使用好这个工具,掌握合适的方式和手段,是保持和睦人际关系的重要因素之一。

人们在进行言语交际的时候,常常会根据自己的交际目的、交际对象、交际环境等因素来选择一定的话语内容和形式。这些话语内容和形式反映出人与人之间存在的关系,这些关系或是建立在社会经济地位上,或是建立在个人感情基础上。社会学和心理学分别用社会关系和人际关系来指称这两者。无论是社会关系还是人际关系,在一个交际事件中,交际主体之间都存在着由于这两者的差异而造成的人际距离,双方通过采用不同形式的言语表达,可以维系或调节人际距离。

维索尔伦认为,在言语交际中,说话人之所以能够进行各种恰当的话语与策略选择,是因为语言具备这样三个特性:变异性、商讨性和顺应性。语言使用者从可供选择的各种语言项目中进行灵活选择,从而满足交际需要。语言使用者除了选择语言形式,还选择策略,选择可发生在语言的任何层面——语音、语调、词汇、句式结构、篇章等,且选择是一种有意识的、具有一定倾向性的行为。在会话中,人们会在话语里建立起自身的角色,定位自身和其他人的角色关系,这些都可以反映在一定的语言形式和策略上。人们还可以根据对方的语言形式、策略选择、交际动机以及客观环境的变化,对话语进行一定的调控,进而维持或改变彼此的角色关系。

长期以来,语言学领域的言语交际研究多将重心放在话语和语境上,而对交际主体的关注较少。本书着重研究言语交际主体与话语调控的关系,运用对比、描写等方法,考察言语交际主体如何通过各种语言项目对人际距离进行调控。

言语交际主体指的是言语交际的参与者,即从事语言交际的人,通常由两个或两个以上的人构成。社会语言学、功能语言学、语用学和修辞学都从不同角度对言语交际主体进行了关注和研究，因此这些学科中关于言语交际主体的阐释和理论研究也比较多。不过，在这些研究中，我们看到交际主体并不是一个主要的研究对象，而是作为语境的一个因素来探讨的。而本书则从交际主体的重要特征出发，从社会交际的角度来理解话语，将自然话语作为主要研究对象，分析语言在调控人际距离方面的特点。

关于调控人际距离的性质，我们认为，可以有多角度的理解，既可以看作语言的一项功能，也可以看作一种交际意图，甚至是一种达到交际目的的手段或者策略。不过，如果从行为的角度来看，我们可能会得到更好的解释。实际上，人们通常以序列的形式来执行言语行为。出现在序列中的言语行为彼此之间通常是相互联系的，只是相对于说话人的特定意图来看，它们的重要性不同而已。然而最关键的一点是对言语行为的理解一定要在情景语境中才能得到最佳，也是最合理的解释。所以从这一点上看，调节人际距离可以看作交际者的一种交际语用行为，是一种有意识地付出语言努力的行为。当然这一行为的语力要受到诸多方面的制约，因此会表现出不同的强弱程度。

一般来说，促使交际主体对人际距离进行调节的动机主要来自六个方面：一是交际对象的角色、地位等；二是交际目的，如请求，一般需要拉近情感距离，获取同情，从而达到交际目的，因此会选用能够拉近人际距离的手段；三是情感或心理需求；四是背景与场合；五是双方共有的知识；六是文化规则的制约。

我们通过录音，建立了小型的自然语料库。通过对语料进行分析，发现围绕接电话人（R）形成了几类不同人际距离的会话，其中以推销类的机构性会话和学生类的机构性会话最有代表性。我们运用会话分析等方法对语料进行剖析，根据会话结构要素构建整体框架，从功能—形式相结合的角度进行探讨。

通过分析，我们认为，构建和调节人际距离的语言形式和手段在会话的各个结构层面和系统中都存在，活跃度依照静态人际距离的不同而有强弱差异。我们先用表6-1进行总结，表中的项目一栏包括在此层面上使用的手段，如重复、语气、内部组合等，表中所列的项目和系统所对应的项目只是大的类型，具体情况没有再列出。从表6-1中，我们可以看出每个系统内交际者主要运用的言语手段和方式。

表6-1　不同系统中的言语手段分布情况

项目	系统			
	身份确认	礼貌	话题控制	反馈
词	身份确认形式	问候语"你（您）好" 道别语 "Byebye"	——	一般支持性反馈项目 积极支持性反馈项目

（续上表）

项目	系统			
	身份确认	礼貌	话题控制	反馈
话语标记	——	"好的"	话题控制标记	——
句	身份构建形式	——	话题导入的具体方式	积极支持性反馈项目
话轮	呼叫—应答 言语呼叫	——	——	积极支持性反馈项目
序列	身份确认补足	结束序列	——	——
组织	——	——	话题导入阶段 话题转换阶段	——

　　我们看到词和话语标记是调节人际距离手段中最活跃的部分，在每个系统中都能发挥积极的调控作用。这也是交际者最容易掌握和使用的手段。句和话轮是调节人际距离手段中较为活跃的部分，礼貌系统没有明显的相对应的形式。序列和组织是最不活跃的部分，形式的种类较少。我们可以按照形式归纳出调控手段主要存在的三个层面：一是词语层，包括词和话语标记；二是话轮层，包括句子和句子构成的话轮；三是组织层，包括序列结构和话题组织。

　　我们还可以结合静态的人际距离，从上述三个层面来观察这些手段的运用情况。在我们的语料中，有两类会话都有拉近人际距离的倾向，即推销员类和同事同学类。这两类会话分别属于平等的陌生关系和熟识关系。对这两类中的交际者来说，从语言手段具有的调节力度的强弱到两类交际者可使用的手段的范围都有一定的层级差异，因而人际距离调控的效果存在差异。见图 6-1。

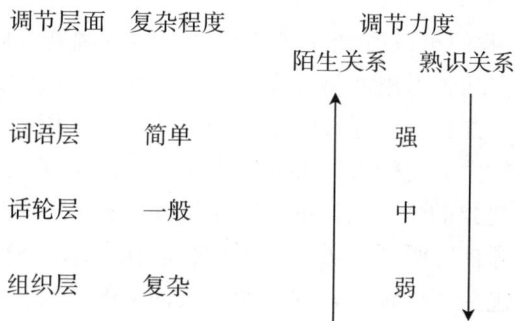

调节层面	复杂程度	调节力度
		陌生关系　　熟识关系
词语层	简单	强
话轮层	一般	中
组织层	复杂	弱

图 6-1　不同层面对交际者使用手段的制约和影响

115

　　我们认为，静态人际距离和动态人际距离倾向的实现手段之间存在相互制约和影响的关系。在陌生关系和熟识关系都具有拉近人际距离倾向的情况下，对交际者来说，能够使用的手段从层次和形式复杂程度上都表现出相反的趋势。陌生关系下的交际者想要拉近人际距离，可以使用的手段力度呈现出词语层—话轮层—组织层由强向弱的趋势，使用手段的复杂程度呈现出由简单向复杂的倾向。熟识关系下的交际者则刚好相反。

　　我们还可以结合交际者的话语使用情况，将话语分为语篇层和互动层。语篇层指的是由一方交际者完成的话语，不需要另一方交际者的回应或互动，就可以具有一定的功能，如控制话题时使用的话语标记语。互动层指的是需要另一方交际者的回应或互动，如果没有的话，那么话语无法完成其功能。比如，呼叫—应答序列，必须要有另一方交际者的应答才算完成。那么我们又可以得到表6-2。

表6-2　调节人际距离的手段在语篇层和互动层上的分布情况

项目	语篇层	互动层
身份确认系统	身份构建	身份确认 身份确认补足 呼叫—应答 言语呼叫
礼貌系统	"好的"	问候语 道别语 结束序列
话题控制系统	话题导入方式	话题转换 话题结束
反馈系统	——	反馈项目

　　从表6-2中，我们可以看到，互动是绝大多数调节人际距离的手段的构成性规则。但是从交际者付出的努力来看，这种互动在绝大多数情况下是不对称的，尤其是在某一方具有拉近人际距离倾向的时候，因此，主动调节人际距离的交际者付出的努力会比较大。关于调节的策略，我们可以参考贝尔（Bell A., 2001）从语体变异的角度提出的"听众设计"模式。听众设计指说话人利用所掌握的语言资源针对听话人进行话语调整。在贝尔看来，这种设计适用于所有代码的选择，包括在一种语言内部所有层面上的选择。针对不同的听众和听众中不同的成员，说话人具有很精细的语体设计能力，可根据具体情况做出适当的选择。他强调说话人的语体选择很大程度上取决于说话人对听话人的态

度，因此，说话人所做的各种调节人际距离的努力，在客观上形成了一种带有人际距离倾向的互动语体。

6.2 创新点

本书的创新点体现在以下四个方面：

（1）在充分研究语料的基础上，从语言应用方面的具体功能即调节人际距离入手，拟构建一个适用于电话会话多对一情况下的分析系统，在每一个子系统下，不同的语言形式或项目共同为实现人际距离的调节而聚合，在互动的层面上发挥作用。

（2）以一个社会个体作为中心点，对其与处在不同人际距离位置上的其他交际者的语言交际进行实证考察，从互动的细节上观察言语手段对调节人际距离的影响，考察言语手段和功能之间的关系。

（3）人际距离的言语调节手段从词语层、话轮到组织层，呈现出不同级别的意义和调节力度。特别是称呼、问候语、道别语以及作为反馈项目的语气词、话语标记等在会话层获得的意义得到了进一步丰富。会话的话轮、序列和组织结构在一定程度上可以实现一定的语言功能，和词语、句子一样，也是具体的言语手段。话轮的结构、身份确认序列、结束序列以及话题的组织结构等都能够实现调节人际距离的功能。

（4）方法上结合了对比分析法、个案研究法、介入观察法等研究方法，关注视角包括话语结构和句法形式，涵盖了宏观上的整体结构和微观上的细节特点。

6.3 不 足

本书的不足之处主要有以下两个方面：

（1）语料的限制性。本书选取的语料全部来自自然生活录音。从语料的性质和范围来看，自然语料是优势，但也是不足。从我们的研究范围来看，对人际距离动态倾向中拉近的情况关注较多，而对疏远的情况关注较少，显然，由于条件所限，我们所录的语料的范围不够广，类型不够多，需要更多的语料来补足。

（2）理论的局限性。在理论方面，本书关注的是语言具体应用的功能、言语行为，没有既定的普遍适用的系统理论框架，只能在语料范围内构建适合观察描写的特定的系统框架，结论是否具有普遍性有待验证。另外，在分析语料的过程中，还综合借鉴了信息论、社会心理学等相关理论进行解释，其力度也有待考验。

　　交际中的会话是一个复杂的语言手段系统的聚合体。本书从调节人际距离的功能入手，尝试以功能和结构相结合的方式构建体系来统驭语言手段，然而，由于上述不足，还有一些语言项目未能进入本书的研究范围，如语音、语调等项目。因此，如何更好地完善这一体系，是我们今后努力的方向。

参考文献

[1] AUSTIN J L. How to do things with words [M]. Oxford: Clarendon Press. 1962.

[2] BELL A. Back in style: reworking audience design [A] //ECKERT PENELOPE, RICHFORD, JOHN R. Style and sociolinguistic variation. New York: Cambridge University Press, 2001.

[3] BROWN G, YULE, G. Discourse analysis [M]. New York: Cambridge University Press, 1983.

[4] BROWN R, GILMAN A. The pronouns of power and solidarity [J]. American anthropologist. 1960 (4).

[5] BROWN R, FORD M. Address in American English [J]. Journal of abnormal and social psychology, 1961, 62 (2).

[6] BROWN P, LEVINSON S C. Universal in language usage: politeness phenomena [A] //ESTHER N G. Question and politeness: strategies in social interaction. Cambridge: Cambridge University Press. 1978.

[7] BUBLITZ W. Supportive fellow-speakers and cooperative conversations: discourse topics and topical actions, participant roles and recipient action in a particular type of everyday conversation [M]. Amsterdam: John Benjamins Publishing Company, 1998.

[8] BUTTON G, LEE J R E. Talk and social organization [M]. London: Multilingual Matters Limited. 1987.

[9] BYRNE P S, Long B. Doctors talking to patients: a study of the verbal behaviors of doctors in the consultation [M]. London: Her Majesty's Stationery Office, 1976.

[10] CANSLER D C, WILLIAM B S. Relative status and interpersonal presumptuousness [J]. Journal of experimental social psychology, 1981, 17 (5).

[11] COUPLAND N. Dialect stylization in radio talk [J]. Language in society, 2001, 30 (3).

［12］DE FINA A. The negotiation of identities ［A］//MIRIAM LOCHER, SAGE GRAHAM. Interpersonal pragmatics. Berlin: De Gruyter Mouton, 2010.

［13］DREW P. Is confusion a state of mind? ［A］//TE MOLDER H, POTTER J. Talk and cognition: discourse, mind and social interaction ［C］. Cambridge: Cambridge University Press, 2005.

［14］DUFF A P. Case study research in applied linguistics ［M］. Beijing: Foreign Language Teaching and Research Press, 2011.

［15］DURANTI A. Universal and culture-specific properties of greetings ［J］. Journal of linguistic anthropology, 1997, 7 (1).

［16］GIVÓN T. Syntax: a functional typological introduction ［M］. Amsterdam: John Benjamins, 1990.

［17］GRICE H P. Logic and conversation ［M］. New York: Academic Press, 1975.

［18］HALLIDAY M A K. Language as social semiotic ［M］. London: Edward Arnold, 1979.

［19］HALLIDAY M A K. Linguistic studies of text and discourse ［M］. London: MPG Book Ltd. , 2002.

［20］HALLIDAY M A K. Language and society ［M］. Beijing: Peking University Press, 2007.

［21］HASAN R. The structure of a text ［A］// HALLIDAY M A K, HASAN R. Language, context and test: aspects of language in a social-semiotic perspective ［C］. Victoria: Deakin University Press, 1985.

［22］HERBERT C H, WADE F J. Telephone goodbyes ［J］. Language in society, 1981, 10 (1).

［23］HOPPER R. Telephone conversation ［M］. Bloomington: Indiana University Press, 1992.

［24］HOUSE J. Opening and closing phases in german and English dialogues ［J］. Grazer linguastiche studien, 1982 (16).

［25］HUTCHBY I, WOOFFITT R. Conversation analysis: principles, practices and applications ［M］. Cambridge: Polity Press, 1999.

［26］KEENAN E O, SCHIEFFELIN B B. A discourse notion: a study of topic in the conversations of children and adults ［A］//CHARELES N LI. Subject and topic ［C］. Cambridge : Academic Press, 1976.

［27］KUPPEVELT J V. Discourse structure, topicality and questioning ［J］. Journal of linguistics, 1995, 31 (1).

[28] LAKOFF G. The logic of politeness [A] //ROBERT BINNICK, et al. The ninth regional meeting of the Chicago Linguistic Society. Chicago: Chicago Linguistic Society, 1973.

[29] LEECH G N. Principles of pragmatics [M]. London: Longman Press, 1983.

[30] LIM TAE-SEOP. Facework and interpersonal relationships [A] //STELLA TING-TOOMEY. The challenge of facework: cross-cultural and interpersonal issues. New York: State University of New York Press, 1994.

[31] LUKE K K, PAVLIDOU T S. Telephone calls: unity and diversity in conversational structure across languages and culture [M]. Amsterdam: John Benjamins Publishing Company, 2002.

[32] MARTIN J R. English text: system and structure [M]. Amsterdam: John Benjamins Publishing Company, 1992.

[33] MARTIN J R, WHITE P R. The language of evaluation: appraisal in English [M]. Beijing: Foreign Language Teaching and Research Press, 2008.

[34] MCCARTHY M. Discourse analysis for language teachers [M]. Cambridge: Cambridge University Press, 1991.

[35] MOSCOVICI S. Comment on Potter and Litton [J]. British journal of social psychology, 1985, 24 (2).

[36] POCHEPTSOV G G. Pragmatic distance [A] //KEITH B. The encyclopedia of language and linguistics (Vol. 6). Oxford: Pergamon Press, 1994.

[37] ROBINSON W P. Speech markers and social class [A] // KLAUS R S, HOWARD G. Social markers in speech. Cambridge: Cambridge University Press, 1979.

[38] SACKS H. Every has to lie [A] //MARY SANCHES, BLOUNT B G. Sociocultural dimensions of language use. New York: Academic Press, 1975.

[39] SACKS H, JEFFERSON G. Lectures on conversation [M]. Oxford: Blackwell Publishers, 1992.

[40] SACKS H, SCHEGLOFF E A, JEFFERSON G. A simplest systematics for the organization of turn-taking for conversation [J]. Language, 1974, 50 (4).

[41] SCHEGLOFF E A. Sequencing in conversational openings [J]. American anthropologist, 1968, 70 (6).

[42] SCHEGLOFF E A. The routine as achievement [J]. Human studies, 1986 (9).

[43] SCHEGLOFF E A. Beginnings in the telephone [A] //KATZ J, AAKHUS

M. Perpetual contact: mobile communication, private talk, public performance. Cambridge: Cambridge University Press, 2002.

[44] SCHEGLOFF E A. Sequence organization in interaction [M]. Cambridge: Cambridge University Press, 2007.

[45] SCHEGLOFF E A, SACKS H. Opening up closing [J]. Semiotica, 1973 (8).

[46] SEARLE J R. The classification of illocutionary acts [J]. Language in society, 1976 (5).

[47] SIMMEL G. On individuality and social forms [M]. Chicago: University of Chicago Press, 1972.

[48] SINCLAIR J, COULTHARD M. Toward analysis of discourse: the English used by teachers and pupils [M]. Oxford: Oxford University Press, 1975.

[49] SKINNER B F. Verbal learning [M]. New York: Appleton-Century-Crofts, 1957.

[50] STUBBS M. Discourse analysis: the sociolinguistic analysis of natural language [M]. Chicago: University of Chicago Press, 1983.

[51] SUN H. Opening moves in informal Chinese telephone conversations [J]. Journal of pragmatics, 2004, 36 (8).

[52] TEN HAVE P. Doing conversation analysis: a practical guide [M]. London: Sage, 1999.

[53] THOMAS J. Meaning in interaction: an introduction to pragmatics [M]. London: Longman, 1995.

[54] THOMAS J. Cross-cultural pragmatic failure [J]. Applied linguistics, 1983 (4).

[55] TUSI AMY B M. English conversation [M]. Shanghai: Shanghai Foreign Language Education Press, 2000.

[56] VAN DIJK T A. Discourse as social interaction [M]. London: Sage, 1997.

[57] WHALEN M R, Zimmerman D H. Sequential and institutional contexts in calls for help [J]. Social psychology quarterly, 1984, 50 (2).

[58] WOLFSON N. Perspectives: sociolinguistics and TESOL [M]. Boston: Heinle & Heinle Publishers, 1989.

[59] YIN R K. Case study research: design and methods [M]. California: Sage Publications. 1984.

[60] 曹炜. 现代汉语中的称谓语和称呼语 [J]. 江苏大学学报, 2005 (2).

[61] 陈松岑. 北京话"你""您"使用规律初探 [J]. 语文研究, 1986

（3）.

[62] 陈振宇，朴珉秀. 话语标记"你看"、"我看"与现实情态［J］. 语言科学，2006（3）.

[63] 崔国鑫. 语用视野下的会话分析［D］. 北京：首都师范大学，2009.

[64] 邓瑶. 谈话语体中"你比如说"的话语功能探析［J］. 云南师范大学学报（对外汉语教学与研究版），2011（7）.

[65] 董平荣. 机构话语中的身份维持与建构——英国导师和中国学生学术交谈的多模式话语分析［M］. 高等教育出版社，2012.

[66] 董秀芳. 来源于完整小句的话语标记"我告诉你"［J］. 语言科学，2010（5）.

[67] 方梅. 篇章语法与汉语研究［M］//刘丹青：语言学前沿与汉语研究. 上海：上海教育出版社，2005.

[68] 丰国欣. 话语轮换与话题转换［J］. 湖北师范学院学报（哲学社会科学版），2000（12）.

[69] 高慧芬. 称呼形式与社交距离［J］. 贵州教育学院学报（社会科学版），1997（6）.

[70] 高彦梅. 话语基调模式探讨［J］. 解放军外国语学院学报，2001（1）.

[71] 高一虹. 电话心理咨询导语：结构与功能［J］. 语言文字应用，2001（3）.

[72] 葛云峰，杜金榜. 法庭问话中的话题控制与信息获取［J］. 山东外语教学，2005（6）

[73] 顾曰国. 礼貌、语用与文化［J］. 外语教学与研究，1992（4）.

[74] 顾筝. 轮番说话中的话题启动预示语［J］. 修辞学习，2005（2）.

[75] 郭风岚. 汉语日常会话中的言语应对及性别差异［J］. 世界汉语教学，2007（4）.

[76] 韩静. 语气词"好了"的语义与语用分析［J］. 南开语言学刊，2008（12）.

[77] 何兆雄. 新编语用学概论［M］. 上海：上海外语教育出版社，2000.

[78] 侯国金. "非字词"的语用理据和语用条件［J］. 外语学刊，2007（1）.

[79] 胡范铸. 言语行为的合意性、合意原则与合意化［J］. 外语学刊，2009（7）.

[80] 胡健，徐宏亮. 反馈语的特征与功能［J］. 安徽大学学报（哲学社会科学版），2007（3）.

[81] 江蓝生. 跨层非短语结构"的话"的词汇化［J］. 中国语文，2004（5）.

[82] 康天峰，牛保义. 疑问句语用因素分析［J］. 河南大学学报（社会科学版），2001（1）.

[83] 来鲁宁、郭萌，称呼语及其语用功能［J］. 北京理工大学学报（社科版），2003（1）.

[84] 李明洁. 称呼语的运用规则和协调理论［J］. 汉语学习，1996（8）.

[85] 李田新. 试析英汉问候语中的膨胀理论［J］. 沈阳师范大学学报（社会科学版），2006（5）.

[86] 李悦娥，范宏雅. 话语分析［M］. 上海：上海外语教育出版社，2002.

[87] 李悦娥，申智奇. 自然会话中的打断现象［J］. 当代语言学，2003（1）.

[88] 李永华. 汉语会话之应答语研究［D］. 广州：暨南大学，2008.

[89] 李治平. 汉语会话结构及转换机制研究［D］. 成都：四川师范大学，2005.

[90] 梁丹丹. 会话中"对吧"的语用功能［J］. 修辞学习，2006（1）.

[91] 梁佳. 称呼的语用研究［J］. 湖南大学学报（社科版），2002（3）.

[92] 刘国辉. 言语礼貌·认知期待·语境文化规约［J］. 外语教学，2005（3）.

[93] 刘虹. 话轮、非话轮和半话轮的区分［J］. 外语教学与研究，1992（3）.

[94] 刘虹. 会话结构分析［M］. 北京：北京大学出版社，2004.

[95] 刘丽艳. 口语交际中的话语标记［D］. 杭州：浙江大学，2005.

[96] 刘世铸，张征. 称谓研究的标准理论献疑［J］. 山东外语教学，2003（5）.

[97] 刘娅琼. 汉语会话中的否定反问句和特指反问句研究［D］. 上海：复旦大学，2010.

[98] 刘圆. 对外汉语文化教材"对话"的会话结构及话语分析［D］. 武汉：华中师范大学，2011.

[99] 刘永厚. 汉语称呼语的研究路向纵观［J］. 语言文字应用，2010，（8）.

[100] 刘宇慧，承红，刘宏涛，等. 英语会话分析与口语教学研究［M］. 上海：华东理工大学出版社，2010.

[101] 刘运同. 会话分析概要［M］. 上海：学林出版社，2007.

[102] 龙又珍. 现代汉语寒暄系统研究［D］. 武汉：武汉大学，2009.

[103] ［美］罗纳德·斯考伦，苏珊·王·斯考伦. 跨文化交际：话语分析法［M］. 施家炜，译. 北京：社会科学文献出版社，2001.

[104] 马博森. 研究随意性会话的语言学框架［J］. 外国语（上海外国语大

学学报），2001（5）.

［105］孟颖. 从会话含义理论的视角看汉语交际中的他人启动修正现象［D］.
长春：吉林大学，2011.

［106］潘珣祎. 现代汉语话题结构的认知语用研究［D］. 杭州：浙江大
学，2010.

［107］亓华，杜朝晖. 中级汉语会话课提问策略研究［J］. 汉语学习，2009
（5）.

［108］秦启文，周永康. 角色学导论［M］. 北京：中国社会科学出版
社，2011.

［109］曲卫国，陈流芳. 告别语"拜拜"与汉语口语语体的缺环现象［J］.
修辞学习，2005（3）.

［110］曲卫国，陈流芳. 汉语招呼分析［J］. 华东师范大学学报（哲学社会
科学版），2001（3）.

［111］冉永平. 礼貌的关联论初探［J］. 现代汉语，2002（10）.

［112］ERVIN-TRIPP S M . 称呼的社会语言学规则［J］. 王菊泉，译. 国外
语言学，1984（4）.

［113］宋兰娥. 汉语电话谈话结束阶段的会话分析研究［D］. 太原：山西大
学，2007.

［114］宋晓. 对外汉语教学中的会话结构意识研究［D］. 济南：山东大
学，2008.

［115］孙国军. 论会话话题［J］. 外语研究，1993（1）.

［116］孙琳. "好的"在不同语境下的语义分析［J］. 广西教育学院学报，
2012（8）.

［117］孙毅兵，师庆刚. 会话分析中的"话题"面面观［J］. 外语与外语教
学，2004（9）.

［118］沙莲香. 社会心理学［M］. 北京：中国人民大学出版社，2002.

［119］单力真. 汉语环境下请人帮助言语行动的对话结构类型和语列研究
［J］. 语言文字应用，2004（2）.

［120］单曦. 商务汉语教材中的谈判会话分析［D］. 北京：北京语言大
学，2008.

［121］沈家煊. 不加说明的话题——从对答看"话题—说明"［J］. 中国语
文，1989（5）.

［122］时蓉华. 社会心理学［M］. 杭州：浙江教育出版社，1998.

［123］陶红印. 口语研究的若干理论与实践问题［J］. 语言科学，2004（3）.

［124］文秋芳. 从社会语言学看汉语称呼语的使用规则［J］. 南京师范大学

（社会科学版），1987（12）.

[125] 王建华. 话语礼貌与语用距离［J］. 外国语（上海外国语大学学报），2001（10）.

[126] 王巍. 会话话题分析——话题在会话结构中的运行规则考察［D］. 长春：吉林大学，2006.

[127] 王德春，陈晨. 现代修辞学［M］. 上海：上海外语教育出版社，2002.

[128] 维索尔伦. 语用学诠释［M］. 钱冠连，霍永寿，译. 北京：清华大学出版社，2003

[129] 吴平. 汉语会话中的反馈信号［J］. 当代语言学，2001（6）.

[130] 吴平. 反馈信号研究综述［J］. 外语与外语教学，2000（3）.

[131] 吴为善. 认知语言学与汉语研究［M］. 上海：复旦大学出版社，2011.

[132] 吴学进. 称谓控制人际距离：对《遭遇爱情》中人物对话的话语分析［J］. 中山大学研究生学刊（社会科学版），2004（1）.

[133] 徐赳赳. 现代汉语篇章语言学［M］. 北京：商务印书馆，2010.

[134] 徐盛桓. 疑问句的语用性嬗变［J］. 外语教学与研究，1998（10）.

[135] 鲜丽霞. "好"的标志性与语用解释［J］. 西昌学院学报（社会科学版），2007（9）.

[136] 谢世坚. 话语标记语研究综述［J］. 山东外语教学，2009（10）.

[137] 杨石乔. 基于语料库的汉语医患会话修正研究［D］. 上海：上海外国语大学，2010.

[138] 于国栋. 支持性言语反馈的会话分析［J］. 外国语（上海外国语大学学报），2003（6）.

[139] 于国栋. 产前检查中建议序列的会话分析研究［J］. 外国语（上海外国语大学学报），2009（1）.

[140] 于国栋. 机构性会话的会话分析研究［J］. 科学技术哲学研究，2010（4）.

[141] 于国栋. 会话分析［M］. 上海：上海外语教育出版社，2008.

[142] 于晖. 会话结构探微［J］. 解放军外国语学院学报，2002（6）.

[143] 余丽娜. 电话交际方式探析［J］. 宁波大学学报（人文科学版），1999（3）.

[144] 张荣建. 会话与随意会话分析［J］. 四川外语学院学报，2002（4）.

[145] 张荣建. 会话和批评性会话分析［J］. 四川外语学院学报，2005（2）.

[146] 赵微. 指令行为与汉语祈使句研究［M］. 上海：上海社会科学院出版社，2010.

[147] 周晨萌. 汉语日常会话中插话的性别差异研究［D］. 北京：北京语言

文化大学，2003.

［148］周筱娟. 现代汉语礼貌语言研究［D］. 武汉：武汉大学，2005.

［149］祝畹瑾. 汉语称呼研究———张社会语言学的称呼系统图［J］. 北京大学学报（英语文学专刊），1990.

［150］朱娅蓉. 教师启动的会话修正研究［D］. 上海：上海外国语大学，2010.

［151］朱永生. 权势因素与同等关系在称呼语中的表现［J］. 外国语（上海外国语学院学报），1990（5）.

后 记

本书由我的博士论文修改而成。值此出版之际再次面对，我不免感慨万千，心中仍旧充满无限感激。

感谢我的导师曾毅平教授。那一年我幸运地成为曾老师的弟子，开始了读博生活。老师为人严谨，做事细致，从论文的选题到修改，都是在老师的指导下完成的，在论文的修改稿上，老师连标点符号的错误都不放过。老师常说的那句"选你感兴趣的做"，曾让我这个兴趣广而不专的学生思索良久，但在今天看来，正是老师的宽容让我找到了自己真正的兴趣点。

感谢甘于恩教授、彭小川教授，他们总是和蔼可亲地鼓励我；感谢郭熙教授、邵宜教授、邵敬敏教授、伍巍教授、卢植教授，他们课堂传授的新知识对我的论文写作有很大启示和帮助。感谢何自然教授、苏金智教授，他们充满睿智的见解使我明晰了今后努力的方向。

感谢我的硕士导师邵慧君教授。十几年来，邵老师对我的学习、工作和生活一直十分关心，亦师亦友，总是给予我无私的支持和帮助。

感谢我的同事们。读博期间，同事们不断给予我支持和鼓励，并帮我分担了不少的工作。能在一个温暖团结的集体中工作是一大幸事。

感谢我的父母。他们生养了我，花甲之年本该享受退休生活之乐，却如候鸟般往返穗晋之间，为我照顾孩子、料理家务，解我后顾之忧。每念及此，心生唏嘘，唯愿父母身体健康，让女儿多尽孝心。

感谢我的丈夫。这个温柔敦厚的客家男人给了我最温暖的依靠。感谢我的女儿悠悠，为我诠释出人生圆满的答案，也是我前行的无穷动力。

最后感谢古碧卡编辑和姚晓莉编辑，她们的辛勤工作使得本书得以面世。

本书侧重个案分析，未能就宏观理论进行探讨，这也是将来需要我努力的方向，书中难免错讹之处，还请学界同仁指正。

刘莉芳
2016 年 6 月